Manifiesto animalista

Manifiesto animalista
Politizar la causa animal

Corine Pelluchon

Traducción de
Juan Vivanco

RESERVOIR BOOKS

Título original: *Manifeste animaliste*

Primera edición en este formato: mayo de 2023

© 2021, Editions Payot & Rivages, París
Publicado originalmente por Alma Editeur
© 2018, 2023, Penguin Random House Grupo Editorial, S. A. U.
Travessera de Gràcia, 47-49. 08021 Barcelona
© 2018, Juan Vivanco, por la traducción

Penguin Random House Grupo Editorial apoya la protección del *copyright*.
El *copyright* estimula la creatividad, defiende la diversidad en el ámbito de las ideas y el conocimiento, promueve la libre expresión y favorece una cultura viva. Gracias por comprar una edición autorizada de este libro y por respetar las leyes del *copyright* al no reproducir, escanear ni distribuir ninguna parte de esta obra por ningún medio sin permiso. Al hacerlo está respaldando a los autores y permitiendo que PRHGE continúe publicando libros para todos los lectores.
Diríjase a CEDRO (Centro Español de Derechos Reprográficos, http://www.cedro.org) si necesita fotocopiar o escanear algún fragmento de esta obra.

Printed in Spain – Impreso en España

ISBN: 978-84-19437-27-3
Depósito legal: B-5.675-2023

Compuesto en La Nueva Edimac, S. L.
Impreso en Liberdúplex, S. L.
Sant Llorenç d'Hortons (Barcelona)

RK 37273

La ocasión se presenta con un cúmulo de dificultades y debemos elevarnos a la altura de la ocasión. Como nuestro caso es nuevo, tenemos que pensar de nuevo y actuar de nuevo […]. Conciudadanos, no podemos escapar de la historia. […] La línea a seguir es clara, pacífica, generosa, justa.

Abraham Lincoln,
mensaje anual al Congreso,
1 de diciembre de 1862,
sobre la esclavitud

Los términos en cursiva y seguidos de asterisco se definen en un glosario al final del libro.

ÍNDICE

PRIMERA PARTE
LA CAUSA ANIMAL HOY

1. Lo que está en juego en el maltrato animal 13
2. Estamos en guerra contra nosotros mismos 17
3. Entregarse con generosidad 21
4. Especismo y antiespecismo 25
5. La causa animal y el sentido de la historia 29
6. Los obstáculos al progreso 33
7. La edad de lo viviente 39

SEGUNDA PARTE
LA POLITIZACIÓN DE LA CUESTIÓN ANIMAL

1. La justicia con los animales 47
2. Los animales son sujetos políticos, no ciudadanos 49
3. Derechos de los animales y responsabilidades de los humanos 55

4. Los tres niveles de la lucha política 61
5. El animalismo 65
6. Los dos plazos de la lucha política 69

TERCERA PARTE
PROPUESTAS CONCRETAS

1. Las propuestas que pueden gozar de un amplio consenso 73
2. La ganadería y la matanza. Voluntad política y reciclaje 85
3. Innovaciones en la cocina, la moda y la industria 91
4. Extremar la protección animal 95
5. Educación, formación y cultura 97
6. Ha nacido un movimiento 99

Glosario 101
Libros citados 109
Páginas web 111

Primera parte

LA CAUSA ANIMAL HOY

1
LO QUE ESTÁ EN JUEGO EN EL MALTRATO ANIMAL

Nuestra relación con los animales es un espejo que nos muestra en qué nos hemos convertido con el paso de los tiempos. En el espejo no solo aparecen los horrores cometidos por nuestra especie al explotar a otros seres sensibles, sino el rostro macilento de una humanidad que está perdiendo su alma.

Las jaulas donde se encierra a miles de conejos, gallinas, patos, cerdos, zorros y visones, ratones y monos, perros y gatos para producir carne, ser despiezados o servir de material de experimentación, los delfinarios y circos donde a los cetáceos, los elefantes y las fieras, abatidos por la privación de libertad, se los obliga a exhibirse a cambio de un poco de comida o por miedo al látigo, son el vivo retrato de nuestra vergüenza común. Ninguna descripción puede plasmar su tristeza infinita. Las carreteras donde todos los años, en Francia, cerca de cien mil animales de compañía son abandonados, los refugios superpoblados, las lejanas selvas, pulmón de la Tierra y hogar de los orangutanes, incendiadas para producir aceite de palma, los mares donde agonizan los peces, las plazas donde se tortura a los toros, los mataderos donde casi todos los animales acaban su vida aterrorizados –hasta los recién nacidos, las crías de las vacas, las ovejas y las cabras–, todos ellos son lugares donde reina la desdicha y la injusticia.

En estas prácticas, organizadas a pesar del buen sentido que debería dictar límites a nuestro uso de los seres vivos, impera la ley del máximo beneficio. A él se someten los humanos, los animales, la calidad del trabajo y el medio ambiente. Las normas de una economía de mercado globalizada que exige la reducción constante de los costes de producción se han impuesto en todas partes.

La violencia que sufren hoy los animales en el comercio de las pieles y del cuero, la piscicultura, la industria de la carne, el entretenimiento, la cosmética y la farmacia ilustra las aberraciones de un sistema que, a grandes rasgos, podemos llamar capitalismo. Pero si usamos este nombre no podemos limitarnos a una ideología que enfrenta a la patronal y los asalariados, pues este planteamiento pasa por alto la dimensión universal de la causa animal, que va más allá de las divisiones políticas y tiene un carácter estratégico. En efecto: otros combates contra la explotación, como la lucha contra la esclavitud y el sometimiento de las mujeres, están presentes en la lucha a favor de los animales. Además, el maltrato que estos sufren pone en evidencia muchos de los trastornos de nuestra sociedad.

Es importante saber qué es lo que está en juego en nuestra relación con los animales para entender por qué hemos llegado a tales extremos y llevar a término la transición hacia otro modelo de desarrollo, que será la oportunidad para nuestra regeneración social, política y espiritual. También es preciso articular todos los factores antropológicos, económicos y políticos que explican la resistencia de este sistema basado en la explotación sin límites de los otros seres vivos y en la dominación de los humanos que contribuyen a mantener sus consecuencias, a pesar de que ellos también las pagan.

Cuando despreciamos a los animales, cuando los tratamos como objetos al aceptar con indiferencia que la suya sea una vida de sufrimiento, no solo nos comportamos con un despotismo que ninguna religión podría justificar sin caer en la contradicción de confundir la administración humana de lo creado con el derecho a dominarlo sin rendir cuentas. También, al acallar la voz de la piedad, nos cercenamos una parte de nosotros mismos. Una piedad que es repugnancia innata ante el sufrimiento de cualquier ser sensible.

La piedad se basa en una identificación inmediata anterior a la reflexión y a la distinción entre el otro y yo. Significa que veo al otro como un ser vivo y no en función de su pertenencia a una especie, a un género o a una comunidad determinada. La piedad no es la moral ni la justicia, sino su condición. La moral supone que asumo mi responsabilidad, implica elección y decisión. Por su parte, la justicia, que se refiere a unos principios, se aplica a todos los seres, incluidos aquellos a los que no conozco pero que no por ello dejan de ser mis conciudadanos y de compartir el mismo espacio político que yo. Como obedece a la razón y no a los sentimientos, la justicia necesita basarse en unas leyes que le confieran un carácter imperativo. Pero ¿qué son la moral y la justicia sin piedad?

¿Qué significa la moral cuando se reserva la benevolencia a ciertos seres? ¿Se puede hablar de justicia cuando reina el maltrato institucionalizado a los animales, justificando así un sistema basado en su explotación? Invocar el amor al prójimo, que en la parábola del Buen Samaritano no es mi semejante sino cualquier individuo que se cruce en mi camino, y hacer oídos sordos al clamor inmenso de los otros seres vivos que sufren los peores tormentos, es consagrar una moral chauvinista.

Si permanecemos impávidos ante los sufrimientos de los animales, que comparten con nosotros el hecho de ser seres sensibles, nos deshumanizamos. La sensibilidad, definida inicialmente como la capacidad de sufrir, de sentir de manera singular el dolor, la pena, el miedo y el hastío, así como el placer y la alegría, y llamada *sentiencia** a partir de J. Bentham, subraya también la vulnerabilidad del ser vivo, la pasividad y la impotencia frente a un poder cuyas manifestaciones son el hambre, la fatiga y la mortalidad. Por último, remite a la *agentividad** de los animales. Como estos tienen la capacidad de expresar sus necesidades básicas y las preferencias que han conformado su historia individual, no son meros objetos de nuestra protección, sino sujetos morales, y debería tenerse en cuenta lo que ellos tienen que comunicar.

Correr un velo púdico sobre el sufrimiento animal, pese a que es tan evidente, o acordarnos de él de vez en cuando porque un vídeo revela lo que pasa en edificios por lo general cerrados al público y al día siguiente seguir viviendo como si no ocurriese nada espantoso o como si fuese imposible acabar con esa matanza diaria, es aceptar que el mal nos ha contaminado. Para perpetrarse necesita cómplices que participen, directa o indirectamente, como agentes económicos o como consumidores, en un sistema caracterizado por la explotación sin límites de los animales. También se nutre de la pasividad social. Porque la mayoría de los ciudadanos no son enemigos de los animales, pero sí individuos capaces de poner anteojeras a su vida moral y psíquica.

Al excluir de la esfera de su consideración moral a otros seres, pese a estar reconocidos como *sintientes*,* aprenden a reprimir su sensibilidad y tratan con dureza a todos aquellos que, ya sea por raza, género, religión, nacionalidad o especie, no reconocen como semejantes. Olvidándose del niño o la niña que fueron y que no habrían soportado comer la carne de un pollo después de haberlo visto colgado por las patas para desangrarlo, ni beber la leche de una madre a la que le habían arrebatado sus crías nada más nacer, estos seres se hacen adultos y dedican su sudor, su sangre y su voto a sostener un sistema que, en contra de lo que les dicta la biblia economista, solo sirve de provecho a una minoría de personas.

2

ESTAMOS EN GUERRA CONTRA NOSOTROS MISMOS

Nuestras relaciones con los animales ponen a prueba nuestra capacidad de sentirnos unidos a los demás seres vivos en una unidad de destino. También indican las dificultades que tenemos para aceptar la alteridad. Es una guerra contra los animales, pero también es una guerra contra nosotros mismos y entre nosotros. Por eso la cuestión animal es crucial y seguirá siéndolo. es importante en sí misma y porque los animales sufren, pero también porque la violencia que ejercemos sobre ellos revela el desprecio que sentimos hacia unos seres que consideramos inferiores a nosotros, o que sencillamente son distintos de nosotros.

El sometimiento sin precedentes de la vida animal pone a prueba la compasión. Para aceptar estas violencias ordinarias que, en realidad, son extraordinarias, tenemos que reprimir la piedad, que nace de la percepción de nuestra vulnerabilidad, algo que compartimos con los demás seres mortales, que son de carne y hueso. Como dice Jacques Derrida en *El animal que luego estoy si(gui)endo*, todos estamos metidos en «una guerra de la piedad», lo reconozcamos o no, tanto si decidimos organizar nuestra vida en torno a esta lucha, que es una lucha por el respeto al ser vivo, como si consideramos que el sufrimiento animal no es de nuestra incumbencia.

Esta guerra debe interpelarnos sobre el lugar de la piedad en la justicia y sobre la relación entre todas las violencias que estallan desde principios del siglo XXI. Se trata de violencias extremas cometidas sobre seres sin rostro, porque se los niega o porque no se los ve. Si son posibles es porque el endurecimiento de nuestro corazón transforma nuestras relaciones en relaciones de dominación. Somos permeables al mal, al que está institucionalizado en el Occidente industrializado y al que lucha contra Occidente, como el terrorismo. Cada cual se parapeta en sí mismo; la identidad es cerrazón, la libertad, obsesión de control. La apertura al otro, la responsabilidad como respuesta al otro y como aceptación de la alteridad, pero también de la alteración, la finitud y la pasividad, resultan imposibles. En estas circunstancias, los animales son las víctimas predestinadas de nuestra brutalidad.

Las violencias que padecen, que nuestros Estados legalizan y la publicidad y la cultura casi siempre legitiman, son el reflejo de una civilización violenta. Con la generalización de la *ganadería intensiva** y la industrialización de la agricultura después de la Segunda Guerra Mundial, seguida en los años noventa de la desaparición de todas las utopías políticas para dar paso al economicismo como único horizonte, esta civilización ya ni siquiera es capaz de encontrar en sus tradiciones unas referencias que le permitan poner coto al derecho individual de aprovecharse y abusar de todo lo que es bueno para su conservación y expansión. La raíz del afán de dominio y la avidez está en el vacío interior de unos seres que han perdido los ideales y la capacidad de sentirse unidos a los demás, sean o no humanos. Por eso no es de extrañar que los animales, utilizados por la humanidad desde hace milenios, se puedan poseer, matar de cualquier manera y someter a los peores sufrimientos.

Nuestra relación con los animales es, por tanto, el reflejo de la relación que tenemos con nosotros mismos, y su maltrato a menudo es una señal precursora de la violencia contra los humanos, en especial contra los más débiles, como los niños, las mujeres, las personas discapacitadas, los prisioneros y, en otras épocas, los esclavos. Para entender lo que les hacemos hoy a los animales no basta con denunciar el mal ni con curar sus síntomas, es preciso ir a la raíz. Una raíz que va más allá de la cuestión animal y engloba nuestra relación con los otros humanos y las otras naciones. Concierne al modo en que concebimos nuestra condición y aceptamos nuestra finitud y vulnerabilidad.

Para promover una sociedad que nos reconcilie con nosotros mismos y sea más justa con los animales hay que articular una teoría política y una antropología que arrojen nueva luz sobre la condición humana, el sentido de la libertad y la importancia de nuestra responsabilidad frente a los demás seres vivos. Para que tengan un valor universal y puedan aplicarse a distintas culturas, tienen que estar basadas en datos irrefutables. Datos que se refieren a la corporeidad, a la necesidad que tenemos de alimentos, agua, aire y espacio, a la vulnerabilidad, como el cansancio, el dolor y la mortalidad. Entender los factores que intervienen en el maltrato animal es medir el mal que somos capaces de hacer y a la vez aventurarnos por un camino que abre perspectivas prometedoras en el plano teórico y práctico, individual y colectivo.

Estamos en guerra contra nosotros mismos, pero cualquier fruto del pensamiento y la imaginación, cualquier acción que facilite la transición a otro modelo de sociedad, serán una victoria contra el mal que anida en nuestro corazón y nos convierte en verdugos y víctimas: la dominación, la explotación del ser humano por el ser humano, de los seres vivos y la naturaleza por nuestra especie y de unas naciones por otras.

Este objetivo parte de una preocupación: la causa animal. A algunos puede parecerles marginal, pero en realidad ocupa un lugar central y afecta a todos los ámbitos y todas las dimensiones de nuestra existencia. Es un objetivo tan grande que resulta casi natural dedicarle toda una vida. Todos podemos hacer algo. No obstante, la primera etapa, la que mueve a cambiar de vida, está marcada por una experiencia dolorosa, una revelación que llena de estupor. No hay despertar sin esta herida.

3
ENTREGARSE CON GENEROSIDAD

Tomar conciencia del sufrimiento animal marca un antes y un después en la vida de la persona que tiene esta experiencia. Cada cual tiene su propia historia, que aporta el contexto, pero hay algunas constantes que conviene recordar.

Cuando estamos dispuestos a mirar esta realidad de frente, nos enfrentamos a algo que no se puede percibir plenamente: la intensidad del sufrimiento animal y el número de vidas aniquiladas. Es tremendo comprobar todo lo que unos humanos pueden hacerles a otros seres sensibles en todo momento y en todo el mundo. Cuando esta verdad penetra en la conciencia, el aire se vuelve irrespirable. A nuestro alrededor se hace un silencio que alberga la soledad, la vergüenza y la certeza de que ya no se podrá seguir viviendo como hasta entonces.

Se producen cambios en las costumbres de consumo, sobre todo en lo relacionado con la alimentación, la ropa y otros productos usados a diario. Los anuncios que muestran vacas encantadas de dar leche, tigres entusiasmados al saltar a través de aros de fuego y delfines felices en sus cárceles cloradas se revelan como mentiras para atraer a un público que ama a estos animales y paga por admirarlos, sin tener ni la más remota idea de su martirio. Basta una loncha de jamón en un bocadillo para recordar los edificios donde se hacinan los llamados animales de producción desde que la ganadería se industrializó y adoptamos la división del trabajo y la especialización del trabajador asignado a una sola tarea. Porque en la ganadería intensiva el animal también está destinado a una sola función: las cerdas a la producción de lechones, los cerdos de engorde a la carne, las gallinas ponedoras a los huevos, las vacas a la leche. Detrás de cada rodaja de salchichón, de cada pedazo de queso, hay transportes interminables, la espera y el pánico en el corredor de la muerte, el final, a menudo doloroso, del animal degollado con plena conciencia porque el aturdimiento no se ha hecho bien y los instrumentos que se usan en los mataderos no se renuevan regularmente.

Tener conciencia del sufrimiento animal proyecta al individuo en un mundo aparte, que al principio es una especie de pesadilla. Lo importante es atravesar este sufrimiento, experimentarlo sin huir de la zozobra, pero sin atrincherarse en la indignación ni cerrarse en banda frente a quienes no lo ven, insultándoles y siendo dogmáticos. Porque serán los animales los que sufran las consecuencias de esta actitud contraproducente: no se gana ningún apoyo y se pierde la aprobación de quienes, sin adecuar sus estilos de vida o sus costumbres alimentarias a sus juicios morales, saben que los defensores de los animales tienen razón. La tiranía del bien suele ser una máscara de la presunción. Es la tentación en la que caen siempre los individuos proclives a mirar su virtud o su pureza en el espejo de los vicios o la impureza de los demás. Como necesitan aplastar a otros, encuentran en la causa animal una salida para sus tristes pasiones.

Si cargamos con el sufrimiento de los animales se abre en nosotros una herida inmensa que no se cierra nunca y, en cierto modo, es más viva a medida que pasan los años. Una herida que seguramente despierta otra más originaria, a menos que sea al revés: en un mundo donde todos estamos atareados y todo, desde nuestro nacimiento, nos convence de que la explotación de los animales es natural, necesaria e indolora, ¿cómo puede un individuo ser sensible a su sufrimiento si antes no se ha abstraído del mundo, se ha despojado de todos sus atributos sociales a raíz de un traumatismo, una enfermedad o una experiencia humillante? ¿Cómo alcanzar ese nivel sensible, que es la condición para una percepción empática del otro, y ser capaces de acogerle en su pobreza, como un simple ser vivo, si estamos enfrascados en nuestro trabajo y en todas las tareas domésticas que encierran a los individuos en los papeles y en la rutina, embotando su facultad de pensar, asombrarse o indignarse?

Para sentir en el corazón y en la carne los gritos de pánico y angustia de los animales, su cuerpo mutilado y herido, la inmensidad de sus frustraciones, debemos ser capaces de presentarnos, desnudos y expuestos, delante de ellos, que son seres desnudos y expuestos, a merced, casi sin defensas, de nuestras manos armadas de máquinas y herramientas. Esta exposición inicial puede ser la brecha por la que los seres humanos accedan a este sufrimiento, pese a vivir en un sistema que utiliza medios muy eficaces para ocultarlo.

Pero lo importante es hacer algo con este sufrimiento, ser a pesar de todo lo bastante fuertes como para que nos atraviese sin que la violencia que lo ha causado nos contamine y nos endurezca. Nos hacemos fuertes cuando aceptamos sufrir y deseamos comprender y reparar el mal. Es así como podemos acceder a una comprensión más profunda, lúcida y generosa a la vez, de sí mismo y de los demás, y dar con la clave de la transición a una sociedad respetuosa con los intereses de todos.

La separación de los otros seres humanos que siguen viviendo sin abrir los ojos a esta realidad no debe engendrar desprecio. Como el prisionero del que habla Platón, que ha sido liberado de la caverna y sube por el camino escarpado que lleva a la verdad para volver a bajar donde están sus antiguos compañeros y aportarles su testimonio, las personas conscientes de la vida de miseria y la muerte atroz impuestas a los animales deben recordar que ellas también han estado ciegas ante este sufrimiento. Durante años han vivido encadenadas a prejuicios *especistas** que justifican la explotación de los animales. La mayoría de las veces han sido otras personas, una lectura o un reportaje los que les han sacado de la ignorancia y la ilusión, o han sido el detonante que les ha hecho ver la verdad a plena luz del día, una verdad que, a diferencia del mundo de las ideas de Platón, es la revelación del mal.

En *La República* el filósofo tiene el deber de volver a bajar a la cueva, aunque es consciente de que nadie querrá creerle y lo que diga pondrá su vida en peligro. Del mismo modo, las personas que tienen el valor de mirar a la cara el suplicio de los animales sienten la obligación de trabajar, cada una en su nivel, para mejorar sus condiciones, pero también de dirigirse a aquellos y aquellas que no se sienten concernidos/as por su suerte o que no hacen nada para que sea menos miserable.

Es imposible hacerse una idea del sufrimiento de los animales sin sufrirlo en propia carne, porque su vida es un infierno, este infierno es obra de la especie humana y muestra todo el mal del que somos capaces. Por eso, para las personas que abren los ojos a esta violencia, la causa animal se convierte en la causa principal de su vida. Sean cuales sean al principio sus repugnancias o sus temores, les empuja al compromiso y a una forma de acción política. La causa animal es una causa difícil: no hay tregua ni para los animales, que son maltratados, ni para quienes se preocupan por ellos. Pero es un ideal generoso, sustentado en la esperanza de promover un mundo mejor, menos violento y más justo. Conocer la relación que hay entre la violencia con los animales y la que se ejerce contra unos seres humanos, entre la explotación sin límites de otros seres vivos y la explotación de un ser humano por otro ser humano y de las naciones por otras naciones, da una fuerza suplementaria a este compromiso, pues lo inscribe en la Historia.

4
ESPECISMO Y ANTIESPECISMO

Es frecuente asociar el combate a favor de los animales con la lucha contra otras formas de discriminación, como el racismo y el sexismo. Esta asociación fue la que llevó en 1971 a acuñar la palabra *especismo*.* Designa una discriminación basada en la especie que, despreciando los intereses de los que no son humanos, los utiliza como simples medios para lograr nuestros fines. El término sugiere que la violencia ejercida contra los animales se basa en prejuicios y es ilegítima.

El *antiespecismo*,* por el contrario, pone en el mismo plano los intereses de los humanos y de los que no lo son. No implica un trato igualitario entre seres humanos y no humanos, ni tampoco entre las distintas especies animales. Por ejemplo, el derecho al voto no tiene ningún sentido para los cerdos. Y los gatos, que aprecian la comodidad de nuestras casas, tampoco necesitan el mismo espacio que los leones. El antiespecismo, que fue la noción de los padres fundadores de la ética animal, como Peter Singer y Tom Regan, exige reconocer que los animales son seres sintientes y que cuentan, que tienen derecho a nuestra consideración moral y no podemos comportarnos como si solo estuvieran ahí para servirnos. Su vida, para ellos, es tan importante como la nuestra para nosotros, aunque no defendamos los mismos intereses porque nuestras necesidades básicas no son idénticas ni nos llenan las mismas cosas.

Nuestra sociedad es injusta, porque se basa en el especismo, postulado que da carta blanca para usar y abusar de los animales a nuestro antojo. Continuamente hacemos con los animales unos experimentos que, en nuestros días, está prohibido practicar con humanos. Los recluimos en condiciones que no nos atreveríamos a imponer a los presos culpables de los delitos más odiosos. Tratamos a los animales como si fueran simples objetos, un trato socialmente admitido que se basa en una petición de principio: nosotros, humanos, creemos que la vida de los animales carece de valor en sí misma y que están ahí porque nos son útiles, porque sacamos algún beneficio de ellos o porque su compañía nos resulta agradable.

Pero no hay nada que demuestre que el cielo, la tierra y sus habitantes se hicieron para nosotros. René Descartes, al que a menudo se ha acusado, debido a su teoría del animal-máquina, de ser el máximo exponente de una tradición que inauguró un ciclo maldito, recuerda que el hombre no es el centro de la Creación. Como escribe en una carta a la reina Isabel fechada el 15 de septiembre de 1645:

> Si imaginamos que más allá de los cielos solo hay espacios imaginarios, y que todos esos cielos se han hecho solo para servir a la Tierra y la Tierra para el hombre, entonces [...] en vez de conocer las perfecciones que están verdaderamente en nosotros, atribuimos a las otras criaturas imperfecciones que no tienen, para ponernos por encima de ellas y, cayendo en una presunción impertinente, queremos ser consejeros de Dios y asumir con él la tarea de gobernar el mundo, lo cual es causa de un sinfín de vanas inquietudes y disgustos.

Ni el Génesis, donde se lee que Dios hizo a los animales según *su* especie y no según el punto de vista de los humanos, ni Descartes, respaldan el *antropocentrismo*,* es decir, la idea de que la tierra, el cielo y los otros seres vivos se crearon para nosotros y por tanto solo tienen un valor instrumental. ¿Por qué son tan tenaces entonces el prejuicio especista y el antropocentrismo despótico que lo origina?

La mentalidad despótica que basa la explotación casi ilimitada de la naturaleza por los humanos se remonta a la revolución industrial. Inspirada en la creencia ilusoria en al carácter infinito de los recursos, la revolución industrial se basaba en el individualismo, doctrina que atribuye al individuo la facultad de usar todo lo que sea útil para él, y al Estado, como finalidad, el bienestar del individuo. Hoy sabemos que la tierra es frágil y que, al ser tan numerosos, deberíamos adoptar modos de vida y de consumo que gasten menos energía. Además, a nadie se le ocurre equiparar a un animal con un yacimiento de recursos fósiles. ¿Por qué entonces los individuos y los Estados están dispuestos a reconocer (por lo menos en teoría) que la tierra merece protección, y cuando se trata de animales el esquema productivista y el especismo siguen impregnando las políticas públicas y las mentalidades?

A la mayoría de las personas todavía les cuesta mucho aceptar que los animales también tienen derecho a tener derechos. Sin embargo, saben que esta afirmación no implica que deban dar la misma importancia moral a su gato que a su hermana, ni que nieguen cualquier diferencia entre los humanos y los animales. El especismo explica la persistencia de unas prácticas que condenan a los animales a una muerte provocada, muchas veces a una edad muy temprana, cuando no son más que cachorros o adolescentes, o a una vida lamentable, como la de las vacas lecheras de ubres inflamadas, consumidas tras cuatro años de lactancia forzosa e inseminación artificial. También explica la presencia en los circos de animales salvajes encerrados de por vida en pequeñas jaulas y obligados, a base de humillaciones, golpes y privaciones, a hacer números pensados por humanos para los humanos. El prejuicio especista explica la explotación y el maltrato animal, pero nada justifica el especismo, sobre todo tras la difusión de la teoría de la evolución de Darwin y los descubrimientos científicos que, principalmente gracias a los trabajos de los *etólogos*,* han revelado la complejidad y la riqueza de las vidas y las sociedades animales.

¿Por qué es tan difícil vencer este prejuicio? Ningún descubrimiento científico es capaz de provocar un cambio de sociedad. Aunque hoy todo el mundo sepa que el animal no es una máquina, no por ello dejarán los individuos de tratar a los animales como máquinas de producir carne, leche, piel, cuero o aceite. Los vuelcos sociales y políticos y los cambios en los modos de consumo y producción no son fruto de los avances científicos. Estos pueden brindar argumentos que sirvan para afianzarlos a posteriori, pero creer que las mutaciones sociales proceden de la ciencia e incluso de la argumentación racional, es ignorar cuáles son los motores de la Historia.

Esto nos coloca ante los límites de la ética animal, que según Peter Singer no exige amar a los animales, sino que se basa en argumentos. Después de más de cuarenta y cinco años de creatividad intelectual dedicada a renovar los criterios de la ética y el derecho de la animalidad, la suerte de los animales no ha mejorado. Hoy en día la principal dificultad es pasar de la teoría a la práctica. La argumentación racional no basta para convencer a los individuos de que cambien sus estilos de vida ni para situar la cuestión animal en el centro de la política. Esta situación nos obliga a adoptar un enfoque distinto del de nuestro antecesores.

5
LA CAUSA ANIMAL
Y EL SENTIDO DE LA HISTORIA

En la década de 1970 los fundadores de la ética animal adoptaron la sentiencia como criterio principal de la consideración moral y del derecho, con lo que otorgaban una condición moral, o incluso jurídica, a los animales, y denunciaban el especismo de una sociedad culpable de maltrato a otros seres sintientes. Esta fue la primera etapa de la filosofía de la animalidad. En la década de 1990 y principios de los años 2000 otros autores, como Jacques Derrida y Élisabeth de Fontenay, destacaron el carácter estratégico de la cuestión animal. Al plantearse la forma de concebir los animales que ha tenido a menudo la tradición filosófica occidental, pusieron de relieve la violencia de un humanismo basado en los prejuicios especistas y en un concepto elitista de lo humano, que abren paso a otras formas de discriminación como el racismo y el sexismo. A esta segunda etapa de la filosofía de la animalidad le ha sucedido hoy una tercera en la que, de libro en libro, estamos inmersos. Se trata de mostrar que nuestra relación con los animales dice mucho de nosotros mismos y de aquello en lo que nos hemos convertido; que su liberación será la nuestra, y que la tarea principal, tanto de los filósofos como de los militantes, consiste en politizar la cuestión animal y determinar las reglas de una sociedad que se tome en serio, de una vez por todas, los intereses de los seres humanos y no humanos.

Antes de especificar lo que requiere la politización de la cuestión animal, recordemos que son muy pocas las personas que modifican sus hábitos de consumo pensando en la cantidad y calidad de los animales explotados para dar satisfacción a su paladar. Si *Liberación animal* ha sido un libro decisivo para muchos lectores y ha hecho que opten por el vegetarianismo y el *veganismo*,* es porque este libro no se limita a esgrimir argumentos que aplican el *utilitarismo** a la cuestión animal. Con los ejemplos que pone y con su compromiso, Peter Singer también ha incluido esta cuestión en la Historia al anunciar que el sufrimiento animal era el gran asunto del final del siglo XX y que ocuparía un lugar central en las reivindicaciones sociales y políticas del XXI.

Así es, pero no porque sea la continuación lógica de un progreso de nuestros conocimientos, sino porque hemos alcanzado tal grado de violencia y aberración en nuestra relación con los animales que todos estamos llamados a reflexionar sobre la suerte que corren. Los individuos se preguntan sobre lo que revela el maltrato animal acerca de los fundamentos antropológicos, éticos y jurídicos de esta sociedad cuyo modelo de desarrollo económico está agotado: genera grandes contraproductividades en el plano social y ecológico y degrada a los seres, humanos y no humanos. Por eso hoy la cuestión animal se plantea como una cuestión social y política de primer orden, cuando estamos comprobando que el capitalismo nos lleva a un callejón sin salida. Los militantes que luchan por liberar a los animales alimentan con ello la esperanza de que otro mundo es posible.

El carácter arbitrario de las fronteras trazadas entre los animales y los humanos es otra de las cosas que saltan a la vista, así como la dimensión transgresiva de nuestra utilización sin límites de otros seres vivos. En esta toma de conciencia, que parte de una situación histórica en cuyas prácticas ocupan un lugar destacado la tecnología y la genética, debido a nuestro peso demográfico y a nuestro modo de vida occidental basado en el uso de productos animales, no es difícil relacionar la explotación animal con otras formas de explotación.

La causa animal tiene raíces históricas: la lucha contra la esclavitud es un precedente que brinda referencias estratégicas y ejemplos alentadores; la proclamación de la igualdad entre los hombres y las mujeres, y la voluntad de las segundas de hacer oír su voz, son inseparables de la lucha a favor de los animales, si tenemos en cuenta la relación indudable que existe entre la violencia contra los animales y contra las mujeres. La dominación siempre se ejerce ante todo sobre el cuerpo del otro y sobre los más débiles. Por último, la transición hacia una sociedad justa con los animales pasa necesariamente por salir del capitalismo, que es un sistema basado en la explotación.

Durante siglos se redujo a la esclavitud a mujeres, niños y hombres. Los compraban y vendían en mercados semejantes a las ferias de ganado que existen hoy en día. No tenían ningún derecho y pertenecían a sus amos, que les hacían trabajar incansablemente, podían ahorcarles y eran quienes les daban permiso para casarse y tener hijos. Pese al sufrimiento que causaba, esta sumisión era tan fuerte que la mayoría de los propios esclavos pensaban que había una diferencia natural entre negros y blancos. Los servidores del Dios cristiano, como antes que ellos los de los dioses del Olimpo, no se plantearon acabar con un sistema que podía considerarse cruel, pero a casi nadie le parecía injusto.

Hubo que esperar al *Leviatán* de Thomas Hobbes y luego a los filósofos de la Ilustración, la Declaración de Independencia norteamericana de 1776 y la Revolución francesa de 1789 para que se impusiera la idea de que todos los hombres nacen libres e iguales en derechos y dignidad. La abolición de la esclavitud no fue inmediata, aunque a través de estos textos, y en las conciencias, se impuso como una evidencia.

Los derechos subjetivos, que confieren a cada ser humano una dignidad o *valor intrínseco** y basan el derecho natural en la libertad y la igualdad, sirven hoy para medir la legitimidad de las leyes positivas o existentes. Evidencian un progreso moral caracterizado por la extensión de la esfera de nuestra consideración moral a todos los seres humanos, cualquiera que sea su raza, etnia, función o género. Esta extensión explica la evolución de la moral, el derecho y la política que desembocó en la abolición de la esclavitud, la lucha contra el racismo y los derechos civiles para los negros y las mujeres. No debe demasiado a la ciencia, y mucho, en cambio, a la filosofía y la política.

6

LOS OBSTÁCULOS AL PROGRESO

Cuando tratamos de imaginar las condiciones para una transición a un mundo justo con los animales es interesante repasar la historia de la abolición de la esclavitud. Esta comparación permite comprender los obstáculos con que tropieza el cambio, e inspirarse en la política que aplicó Abraham Lincoln en Estados Unidos para llegar a un compromiso que a priori parecía improbable.

Los dos principales obstáculos para la abolición de la esclavitud fueron el racismo, es decir, los prejuicios acerca de la inferioridad y superioridad de las razas, y la creencia de que la esclavitud, como parte de un comercio gigantesco, era un sistema imposible de desmontar sin provocar una catástrofe económica. Sin embargo, la abolición de la esclavitud –que no se hizo sin violencia, sobre todo en Estados Unidos, donde los estados del Sur defendían esta «institución peculiar»– no arruinó a los países implicados ni destruyó la Unión, ni siquiera después de la guerra de Secesión.

Hay dos motivos que lo explican. El primero está relacionado con la estrategia de Lincoln. En 1860, cuando accedió a la presidencia, no pidió la abolición de la esclavitud sino solo que se prohibiera su extensión a otros estados. Antes de que el Congreso, por iniciativa de

Lincoln, aprobara la decimotercera enmienda a la Constitución en diciembre de 1865, aboliendo así la esclavitud en todo el territorio estadounidense, el 6 de marzo de 1862 el presidente había remitido al Congreso un mensaje sobre la emancipación indemnizada: recomendaba la aprobación de una resolución que comprometiera a la Unión federal a «cooperar con todo estado dispuesto a hacer suya la abolición progresiva de la esclavitud a cambio de una ayuda pecuniaria que cada estado pudiera emplear a su albedrío para compensar los inconvenientes, públicos y privados, derivados de semejante cambio de sistema». En virtud de este proyecto, los estados del Sur dispuestos a renunciar a este sistema y a emancipar a los esclavos se beneficiarían de un plazo de treinta y siete años y unas cantidades que compensaran el lucro cesante.

Tras la creación de cien regimientos negros, reclutados por los yanquis el 9 de diciembre de 1862, y la Proclamación de Emancipación en 1863, se retomó la idea de indemnizar a los propietarios, pero luego se descartó. El asesinato de Lincoln el 15 de abril de 1865 dio alas a los radicales. Estos, que eran mayoritarios en el Senado y partidarios de una reconstrucción dura, alentaron los actos de venganza contra los estados del Sur. No obstante, la idea de no considerar enemigos a los ciudadanos del Sur, incluidos los que eran esclavistas, y la solución de ofrecerles recursos para llevar a cabo la transición a una agricultura y una economía que prescindiera de la esclavitud, merecen ser recordadas como ejemplos de sabiduría y prudencia.

El segundo motivo de que el fin de la esclavitud no acarreara la ruina de los países esclavistas es que este sistema solo beneficiaba a una parte de la población. Es decir, que además de vulnerar el principio de la igualdad de los seres humanos proclamado en la Declaración de Independencia, solo era provechoso para un sector de estadounidenses. Esta «institución peculiar» era la vergüenza de la nación y la ostentación de una explotación injustificable de los negros.

La abolición de la esclavitud era la causa «de la naturaleza humana». Por eso Lincoln, adivinando que le costaría la vida, la defendía con todas sus fuerzas. Esta causa sobrepasaba su persona. Pero el fin de este sistema no debía dividir el país ni arruinar a los propietarios de esclavos. La lucha por la liberación de una raza encadenada era también la lucha por la reconstrucción del mundo social.

El objetivo de Lincoln no era hacer una revolución, en el sentido de derrotar a los esclavistas, como querían los primeros abolicionistas, sino transitar a una sociedad más justa y más acorde con los principios de la Declaración de Independencia. Lincoln concebía el cambio total de sistema que suponía la abolición de la esclavitud como una transición a otro modelo social y económico. Por eso su política puede inspirar la lucha por la liberación de los animales.

Se podría rechazar esta comparación objetando que los experimentos con animales salvan vidas y hacen avanzar la medicina, y que la explotación animal, que es planetaria, crea empleos y no beneficia únicamente a una parte de la población. ¡Habrá que elegir entre la causa animal y los derechos de los seres humanos! Pero si la causa animal es también nuestra causa, no es solo porque la explotación animal, en sí misma moralmente problemática, ha alcanzado formas extremas –que en las circunstancias económicas actuales del capitalismo mundial pueden volverse aún peores, para los animales y para los humanos–, sino también porque no es beneficiosa para todo el mundo y ni siquiera para la mayoría de los individuos. Cabe preguntarse, por tanto, a quién beneficia el crimen.

¿A quién beneficia el consumo masivo y diario de productos animales que tienen un impacto nefasto en la salud de las personas, pues son factores que aumentan el riesgo de diabetes, obesidad, enfermedades cardiovasculares y cáncer? ¿A quién benefician la deforestación en América del Sur y la utilización de las tierras para cultivar soja destinada a alimentar el ganado europeo y estadounidense, cuando sabemos que la demanda de productos animales es en parte responsable de la extrema pobreza, el hambre y la desnutrición que padecen unos tres mil millones de seres humanos? Muchos de ellos viven en países que producen cereales, pero la agricultura de subsistencia, laminada por este acaparamiento de tierras, no da abasto para alimentarles.

¿A quién beneficia la producción de tanta carne si conocemos su coste medioambiental, si sabemos que el sector ganadero produce 7.100 millones de toneladas de equivalente de CO_2, es decir, cerca de un séptimo del conjunto de las emisiones de gases de efecto invernadero, o lo que es lo mismo, más de lo que producen los transportes, y que para producir 500 kilocalorías de carne de vaca se necesitan 4.902 litros de agua, frente a los 421 litros para 500 kilocalorías de judías y los 89 litros para 500 kilocalorías de patatas?

¿A quién beneficia la pesca en aguas profundas, si sabemos que muchos peces se pescan antes de que puedan reproducirse, que dentro de unos años los océanos estarán completamente vacíos y que en las redes mueren muchos ejemplares de especies en vías de extinción?

¿A quién benefician las granjas factoría, si sabemos que los operarios agrícolas deben castrar en vivo a los cochinillos y se ponen tapones para no oír sus chillidos, se convierten en matarifes para eliminar a los que no son «conformes» y que el purín contamina las capas freáticas y cría unas algas nocivas para la salud?

¿A quién benefician los espectáculos de tauromaquia, si sabemos que la mayoría de las ciudades [francesas] que organizan corridas, como Arles, Bayona, Béziers o Nîmes, lo hacen con cargo al Ayuntamiento o recurriendo a contratistas privados, lo que ocasiona enormes déficits? Esta práctica, que hace sufrir a un animal y que fuera de los lugares donde se conceptúa como «tradición ininterrumpida» se considera un delito, les sale cara a los contribuyentes. Capta fondos importantes destinados a la vida asociativa que podrían utilizarse con fines más útiles y nobles.

¿A quién benefician los delfinarios, donde los delfines y las orcas, obligados a vivir en una piscina rodeados de individuos pertenecientes a un grupo que no les comprende y les ataca, tienen que soportar el ruido, el calor, la promiscuidad y la presencia constante de los humanos que les obligan a dar saltos o les observan a través de cristales? ¿A quién benefician los espectáculos con osos, cebras y elefantes transportados en camiones a las ciudades que todavía toleran circos con animales, y que, en el fondo de sus jaulas, repiten unos gestos absurdos o *estereotipias** que revelan su malestar y aburrimiento?

¿A quién beneficia la disección en los colegios y las universidades, si hoy en día la anatomía se puede estudiar con ordenador y en tres dimensiones? ¿A quién beneficia la experimentación con animales, si a menudo los resultados obtenidos con ellos no son válidos para los humanos y hay alternativas fiables para probar los productos domésticos, los cosméticos y los medicamentos? ¿Qué se puede contestar a esta pregunta sabiendo que, a fin de cuentas, pocos experimentos con animales están relacionados con enfermedades como el cáncer, tal como revela Audrey Jougla en *Profession: animal de laboratoire*? Y los que se hacen para estudiar los efectos de la privación de agua, aire y sueño son completamente inútiles.

Todas estas prácticas, que causan enormes sufrimientos a un número impresionante de animales y cuya inutilidad para la humanidad no es evidente, benefician a ciertos individuos. Individuos dependientes de unos pocos grupos que son auténticos monopolios de la industria agroalimentaria, los grupos de presión farmacéuticos y los parques de animales. Les interesa que se difundan informaciones falsas sobre lo contentos que están los delfines y las orcas con su vida en piscinas y su inseminación, sobre el bienestar de los animales de circo, sobre la paciencia del beagle que traga humo de cigarrillo, sobre la necesidad de comer todos los días productos animales para gozar de buena salud. Se enriquecen engañando a las masas y solo subsisten porque somos ignorantes y demasiado cobardes para denunciar esa mentira, y también demasiado desorganizados para influir en los poderes públicos y alentar a los agentes económicos para que innoven y propongan una cocina, una moda vestimentaria, una industria y una ciencia que no utilicen productos animales.

Si se denuncia la suerte que corren los animales y se defienden sus derechos, es imposible evitar el conflicto. Porque significa enfrentarse a un sistema económico basado en el beneficio, para lo que necesita explotar a los seres vivos, incluidos los hombres, y distorsionar la comunicación. No obstante, si queremos entender por qué la causa animal nos concierne a todos, es preciso mostrar que estamos en la edad de lo viviente y explicar lo que implica esto en el plano antropológico, social y político.

7

LA EDAD DE LO VIVIENTE

Nuestros antepasados pensaban que sus actos repercutían en dos planos: se consumaban en este mundo, pero también tenían un sentido que trascendía su vida presente. Dios o la Historia les juzgarían.

Podemos llamar teológica a esta primera edad, que agrupa a las sociedades antiguas y tradicionales. El ser humano se ganaba la salvación con sus obras y su fe o, como en el mundo de Homero, su valentía le confería una gloria más envidiable que una vida larga y apacible.

La segunda edad es la de las filosofías de la Historia. Son filosofías que pretenden definir el sentido de la Historia de la humanidad, su significado y su orientación, reconstruyendo la realidad a partir de un solo motor: las pasiones, que en Hegel son la astucia de la razón, o la lucha de clases que, según Marx, llevará a la sociedad comunista.

Las utopías políticas, pero también todos los ideales de libertad y justicia por los que lucharon mujeres y hombres, como en la Resistencia, daban un sentido a sus vidas individuales. La satisfacción y el bienestar no eran el único horizonte de los actos individuales; la victoria contra el nazismo y el advenimiento de una sociedad más justa bien merecían que se sacrificara a ellos la tranquilidad e incluso la vida.

Tanto en las sociedades tradicionales como en los regímenes comunistas, que ilustran los extravíos totalitarios de las filosofías de la Historia, el ser humano cuenta sobre todo por pertenecer a una clase o una comunidad. Una situación que dista mucho de ser la ideal: nunca ponderaremos lo bastante la tradición de los derechos subjetivos, que corre paralela al reconocimiento del valor intrínseco de cada ser humano y el deber que tienen los Estados de derecho de proteger la libertad de cada cual, permitiendo que viva de acuerdo con sus preferencias personales siempre que sus actos no perjudiquen a otros.

La revelación de los campos de concentración soviéticos y la caída del muro de Berlín, que dieron la puntilla a las filosofías de la Historia y convirtieron la utopía en un tabú político, abrieron paso al mercado y al economicismo. Los individuos, para orientarse, tuvieron por único norte el consumo de bienes materiales y el prestigio ligado a ellos; poco a poco fueron perdiendo el sentido de lo que les unía a los demás. Hoy en día cada cual vive para sí, valora su éxito o su fracaso de acuerdo con lo que acumula y se compara continuamente con los demás. Este horizonte vital puramente individual, que eleva el dinero y el afán de honores al rango de bienes soberanos, explica la insatisfacción de los seres y el clima de división que pone en peligro la armonía social.

Esta tercera edad, que nace tras el derrumbe del comunismo y cuando el capitalismo se impone como único sistema existente, es la edad de la desolación. Una desolación social, política y antropológica. El individuo solo se percibe como una fuerza de producción y consumo. Ha perdido todo lo que le llevaba a participar en el mundo común. Los aparatos y las pequeñas victorias que puede cosechar contra el anonimato no colman su vida interior. Ninguna alianza, ningún afecto son capaces de asegurarle que su vida tiene sentido, porque la vida, en realidad, no tiene sentido ni sabor cuando solo se vive para sí.

Como dice Hannah Arendt en *Los orígenes del totalitarismo*, la desolación caracteriza a las democracias de masas, donde los individuos están casi desarmados ante cualquier política autoritaria que degrada a los seres humanos y destruye el mundo común. Este mundo, que nos acoge al nacer y sobrevive a nuestra muerte individual, está formado por el patrimonio natural y cultural, las obras de los hombres y la de la naturaleza. Al poner de relieve todo lo que nos une a las generaciones pasadas, presentes y futuras, confiere, como dice la filósofa en *La condición humana*, una suerte de inmortalidad terrenal a nuestra existencia, y da sustancia al espacio público, que no puede reducirse a los apremios del corto plazo.

Como nuestros actos tienen un significado para nosotros y nuestro prójimo, y su valor también depende de su impacto sobre los demás, humanos y no humanos, y sobre el mundo común, deberíamos vivir sabiendo que nuestra muerte individual no es el fin del mundo. Esta relación con nosotros mismos nos ayuda a aceptar nuestra mortalidad y sus límites, nuestra grandeza y pequeñez. Nos ayuda a situarnos preguntándonos qué podemos hacer por los demás y a ser sensibles a la suerte de los demás, incluyendo los animales que pueblan esta Tierra.

En cambio, la desubjetivación que experimentan muchos de nuestros contemporáneos es la expresión de una impotencia y una pérdida de sí mismo que, paradójicamente, obedecen al afán desesperado de imponerse por todos los medios. El intento de dominar todo lo que escapa a su voluntad o a sus predicciones, el pánico a la alteración de su cuerpo, al envejecimiento, a la discapacidad, el deseo de modificar su genoma, el hecho de considerar la frustración como un fracaso y la muerte como una injusticia, caracterizan la relación que mantienen consigo mismos, con los demás y con la tecnología, los sujetos que solo conocen la dimensión individual de la existencia. Este afán de control, que también denota miedo a la vulnerabilidad propia y ajena, va unido a la tentación de negar la alteridad del otro y a la necesidad de dominio. Este sujeto vacío y total, que se encierra en sí mismo y se esconde desesperadamente, es a la vez víctima e instrumento de la violencia.

Una violencia que, la mayoría de las veces, es legal, como en los mataderos y los laboratorios. Se ejerce sobre todo contra los animales y los seres más vulnerables, que son más frágiles y no pueden defenderse solos. Una violencia que también estalla en cualquier parte y contra cualquiera, como ocurre en nuestras ciudades. A las víctimas humanas de estos tiempos de violencia, en las guerras y los atentados, las violaciones y las tomas de rehenes, hay que sumar las víctimas animales en las ciudades bombardeadas, los zoos abandonados donde los animales cautivos mueren de hambre y sed, y todos los lugares donde unos desequilibrados torturan a gatos y perros para luego grabar sus crímenes en vídeos y difundirlos.

Aunque no todas estas violencias tienen la misma explicación ni se ejercen contra los mismos seres, hay en ellas algo en común: revelan una falta de respeto total y desinhibido a lo viviente. Es la forma contemporánea del nihilismo. Leo Strauss lo definía así: «El deseo de acabar con el mundo presente y sus potencialidades, sin que vaya acompañado de ninguna idea clara de lo que se quiere poner en su lugar».

No se trata de afirmar que el terrorismo es el espejo de una sociedad que ha perdido su prestigio porque el afán de lucro y el consumismo eclipsan sus ideales y cada vez produce más marginación. Pero alguna relación sí que tiene el terrorismo con la violencia que ejercemos contra otros seres, sean o no humanos.

Leo Strauss, al analizar la rebelión de los jóvenes nihilistas alemanes que se adhirieron al nazismo, escribe que de este modo expresaban su malestar con un mundo que no dejaba ningún margen a lo sublime. Su rebelión era inarticulada, porque no tenían nada para sustituir a la sociedad que odiaban. No tenían a su disposición ningún pensamiento que hiciera de contrapeso al nihilismo. Quienes, para contradecirles, invocaban los principios y los valores de la civilización, lo hacían a la defensiva, como si dichos principios no tuvieran suficiente fuerza por sí mismos o como si estuvieran anticuados.

Estos jóvenes nihilistas habrían necesitado unos maestros a la antigua usanza, capaces de enseñarles a encontrar en la tradición las referencias que necesitaban e indicarles los motivos positivos de su rebelión, para ayudarles a transformarlos en un ideal constructivo. Pero los únicos que les sedujeron, porque se tomaban en serio el hundimiento del ideal universalista y racionalista de la Ilustración provocado por Friedrich Nietzsche y la Primera Guerra Mundial, se habían comprometido con el nazismo, como Martin Heidegger y Carl Schmitt. Fue así como los jóvenes nihilistas alemanes rechazaron en bloque la civilización y eligieron el caos salvaje.

Nuestra situación, en ciertos aspectos, se parece a la de los europeos de los años treinta, ya que por lo general la rebelión contra el mundo actual y contra Occidente es inarticulada. Pero nos hallamos en una encrucijada. Porque está surgiendo un pensamiento nuevo. Este pensamiento, que asocia el respeto a los seres vivos con la aceptación de nuestra vulnerabilidad, traduce las aspiraciones de muchas personas, alarmadas por las formas que está adquiriendo la obsesión de dominio, como el transhumanismo. Subrayando una vez más el carácter estratégico de la cuestión animal, el vínculo entre la justicia con los animales y la reconciliación con nosotros mismos, este pensamiento nuevo también puede ser un parapeto contra el nihilismo.

Estamos, por tanto, en el umbral de una nueva edad: la edad de lo viviente. El respeto a los seres vivos que somos nosotros y a los animales no define una moral, con sus deberes y prohibiciones; se basa en una filosofía del sujeto que obedece a un concepto nuevo del ser humano.

Hasta ahora las filosofías modernas y occidentales habían separado al individuo de los otros humanos y seres vivos, y habían concebido su libertad como algo arrancado a la naturaleza. Esta definición atomista del sujeto era necesaria para conferir una dignidad a cada ser humano y hacer que la libertad, y no la sumisión a la tradición o la religión, fuese el fundamento del Estado. Esta abstracción era una ficción teórica indispensable para la filosofía de los derechos humanos. No obstante, a lo largo del tiempo hemos hecho como si fuese la descripción exacta de la condición humana. Poco a poco hemos ido borrando lo que nos une a los otros seres humanos y hemos creído que nuestra libertad era lo único que definía nuestra *subjetividad*,* cuando es nuestra corporeidad, nuestra vulnerabilidad y nuestra condición de seres engendrados, la necesidad de aire, agua, comida y espacio que señala el carácter siempre relacional del sujeto, lo que introduce de lleno a los demás seres vivos en la ética y la justicia.

La edad de lo viviente implica volver a basar la ética y la política en una filosofía del sujeto que incluye necesariamente la cuestión animal en un proyecto de reconstrucción social y democrática. Esta articulación entre antropología y política despeja el camino a un programa que permita definir las reglas de una coexistencia justa entre los seres humanos y los animales, una coexistencia que es nuestro futuro, tanto a corto como a largo plazo.

Segunda parte

LA POLITIZACIÓN DE LA CUESTIÓN ANIMAL

1

LA JUSTICIA CON LOS ANIMALES

Nuestra relación con los animales pone en evidencia la injusticia de nuestra justicia: en la organización social y política de la sociedad solo se tienen en cuenta los intereses de los seres humanos y a los animales se los trata como si fueran nuestros esclavos. Sin embargo, forman con nosotros una comunidad mixta, dado que vivimos en el mismo espacio. Habitar la Tierra es cohabitar siempre con otros seres vivos. Los animales están ahí y tienen derecho a existir.

Cuando se toma en serio la materialidad de la existencia, el espacio, y no solo las nociones de libertad y de tiempo, se comprende que la justicia es ante todo el modo de compartir unos «nutrientes» con los otros seres vivos. Los nutrientes designan todo aquello de lo que vivimos; incluyen los alimentos, el agua, los ambientes, y sugieren la idea de un desarrollo ligado al hecho mismo de vivir. Como somos seres de carne y hueso y la existencia tiene una materialidad y un peso, nuestra vida siempre se ve desbordada por la de los demás.

Hagamos lo que hagamos, nos relacionamos con ellos. Cuando construimos autopistas o aeropuertos modificamos el paisaje legado por nuestros antepasados para facilitar nuestros viajes y comercios. Nuestras actividades también repercuten en los animales y algunas los implican directamente, como la ganadería, la pesca, la caza, el comercio de animales salvajes, la agricultura, la construcción de edificios y embalses, la deforestación y la expansión de las ciudades. En este sentido nuestra política es siempre una zoopolítica. Sin embargo, seguimos obrando como si los animales no tuvieran ningún derecho.

La zoopolítica, o comunidad mixta que formamos con los animales, es una comunidad de hecho. También es una comunidad política, ya que a menudo nuestros intereses chocan con los de los animales y hay conflictos por el uso de los recursos, como lo vemos ya en las sociedades llamadas primitivas. Esta comunidad política se impuso, por así decirlo, de forma natural, pero con la domesticación e industrialización de la agricultura y de toda la sociedad, ha cambiado de escala.

La explotación de los animales plantea un problema de justicia, porque supone que los intereses de los animales están subordinados a los de los humanos. En cambio, la justicia con los animales implica que se tengan en cuenta los intereses de los humanos *y* los de los animales. Es un gran desafío, porque la idea de justicia con los animales implica, de entrada, cuestionarse la explotación animal y por tanto casi todas las prácticas en las que están implicados animales; pero también porque tienen que ser los humanos quienes decidan tener en cuenta los intereses suyos y de los no humanos. Solo ellos son capaces de construir una *zoópolis*.*

Los animales, por supuesto, no tienen tribunales ni códigos jurídicos para hacer valer sus derechos y acusarnos. No son una fuerza política. Pero esto no significa que no debamos tener en cuenta sus intereses en nuestras políticas públicas.

2
LOS ANIMALES SON SUJETOS POLÍTICOS, NO CIUDADANOS

Nosotros no podemos ser representantes políticos de los animales. Porque la representación política implica que el representado pueda revocar al representante, dejando de votar por él si considera que no ha defendido sus intereses. El representante, por definición, es un mandatario que expresa la voluntad de los ciudadanos, al no poder estos ocupar un escaño en los organismos deliberativos.

Los animales no son nuestros conciudadanos, porque no se consideran a sí mismos miembros de nuestra comunidad política: aunque la biografía de los animales domésticos esté estrechamente relacionada con un grupo de individuos humanos, o con una familia, no sienten que pertenecen a una comunidad política particular ni a un Estado. Los lazos políticos no son como los lazos familiares, y el sentimiento de tener una familia no basta para convertir a un ser en un ciudadano.

Antes incluso de ser concedida y otorgar unos derechos particulares, la ciudadanía requiere que se tenga la percepción, más o menos clara, de un interés general que forma el espíritu de una comunidad, su identidad política y su constitución o *politeia*.

Las personas con déficits cognitivos graves, e incluso los niños que, después de los primeros años, son capaces de entender lo que es un Estado y apreciar los conflictos de intereses entre sus miembros y entre las naciones, tienen esta percepción de sí mismos y de la comunidad política, sin la cual la ciudadanía carece de sentido.

Por lo tanto, solo los humanos pueden ser plenamente ciudadanos, sean cuales sean su capacidad de expresar su voluntad y su participación en las decisiones colectivas. Los animales son sujetos políticos porque tienen intereses y preferencias individuales y son capaces de comunicarlos, aunque por lo general sus condiciones de vida no les permiten hacerlo. Esta agentividad será el punto de partida de las negociaciones que deberán entablar los humanos para establecer reglas equitativas de coexistencia entre humanos y no humanos.

Recordemos que la justicia con las personas en situación de dependencia, como los ancianos dementes o los individuos discapacitados, exige estructuras sociales y políticas que les garanticen el acceso a la vivienda, al trabajo, al ejercicio de su ciudadanía. El objetivo es que sus derechos no sean solo derechos sobre el papel o libertades formales, sino derechos ejercidos por ellos y que den lugar a libertades reales.

Esta distinción entre libertad formal y libertad real, que viene de Karl Marx, fue retomada por el premio Nobel de Economía Amartya Sen para basar en ella su enfoque basado en las *capacidades*:* para saber si un individuo puede utilizar los bienes que tiene a su disposición, el dinero, los servicios y los derechos, hay que tener en cuenta lo que puede hacer en un momento dado. Porque si está paralizado y los transportes no le permiten desplazarse, o no sabe leer, la libertad de circulación y el derecho de voto son meramente formales para él. Para medir las desigualdades hay que hacer hincapié en lo que, previamente, impide a este individuo convertir sus derechos en «capacidades para funcionar». Es preciso promover con servicios públicos adecuados la igualación de las capacidades, y no de las realizaciones. La justicia también implica que se respete su voluntad y por tanto que estas personas no sean meras recipiendarias de la justicia, a las que se aplica la ley sin que ellas tomen cartas en el asunto. Para que su punto de vista y sus intereses se tengan en cuenta, es preciso que reciban una ayuda, es decir, la asistencia de otros individuos que descifren su voluntad, que les ayuden a realizarla proporcionándoles los medios para ello y que, llegado el caso, se la comuniquen a quienes toman las decisiones.

Es el modelo de la agentividad dependiente: un individuo puede ser autónomo, incluso si se declara incompetente por sus déficits cognitivos, porque tiene deseos y valores, y puede ser asistido para traducirlos en actos. El paso de la ética a la justicia con las personas en situación de dependencia supone ir más allá de cuidar de ellas e invitarlas a participar en el mundo de alguna manera, de modo que lo que tengan que decir influya también en las decisiones colectivas.

Este modelo puede aplicarse a los animales y es el meollo de toda teoría política que promueva la justicia con ellos. En virtud de esta teoría política, las reglas de la comunidad mixta que formamos con los demás seres sintientes se establecen teniendo en cuenta su agentividad, que será el punto de partida de los derechos que puedan otorgárseles. Los derechos de los animales, como el valor de la naturaleza, no son *antropocéntricos** o relativos al punto de vista de los humanos, aunque sean *antropogénicos*,* es decir, descubiertos y formulados por los humanos.

Pero la justicia no se reduce a la suma de los derechos atribuidos a los distintos seres, sino que designa la estructura de la sociedad. Una sociedad justa implica tener en cuenta por igual los intereses de todos los miembros de una comunidad que, en este caso, es una comunidad mixta, formada por humanos y no humanos. Una sociedad injusta es una sociedad que acepta la discriminación. El derecho es un instrumento que permite proteger a los miembros de una comunidad contra la discriminación y promover la justicia. No implica un trato igualitario entre los individuos, pero exige que las reglas de la coexistencia, negociadas por los humanos, se definan con arreglo a la condición atribuida a cada miembro.

Las plantas también pueden sufrir perjuicios, pero solo los seres sintientes los experimentan en primera persona, de manera subjetiva o individual. Para aquellas habrá que hablar de respeto, pero la vulneración de los intereses de los animales y los humanos plantea un problema de justicia y los convierte en titulares de derechos. La sentiencia no se reduce a la capacidad de sufrir de un individuo; incluye el deseo de vivir y desarrollarse, el miedo a la muerte y la resistencia a las condiciones que se le imponen; también incluye la expresión del placer y de su voluntad de cooperar y estrechar lazos. Los humanos —incluidos quienes no son *agentes deliberativos** que puedan expresar su filosofía de la vida y debatir al respecto— y los animales no son *pacientes morales*,* objetos de la moral y del derecho. Son seres dotados de agentividad y sujetos morales y políticos.

La justicia no requiere que todos los sujetos estén en una situación de simetría y reciprocidad derivada de su igualdad de poder o de aptitud. Desde que la cuestión de la ciudadanía de las personas en situación de dependencia o vulnerabilidad ha transformado la estructura del liberalismo político la simetría ya no es una de las condiciones de la justicia. Dicho liberalismo, de Thomas Hobbes a John Rawls, se basaba en una noción de sociedad marcada por la regla del *quid pro quo*. No tenía en cuenta situaciones de vulnerabilidad causadas por las enfermedades, los accidentes, las taras o la edad, que impiden dar siempre algo equivalente a lo que se recibe.

La politización de la cuestión animal se vale de esta aportación, lo cual no significa que haya que confundir la condición de los animales con la de las personas en situación de dependencia. Esta distinción es también un motivo para no abusar del llamado argumento de los casos marginales, tan manido en la ética animal. Este argumento sirve para denunciar el hecho de que demos importancia a la razón y al lenguaje articulado, convirtiéndolos en criterios morales y jurídicos, cuando hacemos experimentos con monos que no impondríamos jamás a bebés anencefálicos o a personas con graves daños cerebrales, pese a tener unas capacidades cognitivas menos desarrolladas que los animales utilizados en los laboratorios.

Solo puede haber justicia con los animales y las personas en situación de vulnerabilidad porque los humanos así lo deciden y renuncian a la idea de una justicia basada en el *quid pro quo* o en criterios especistas. Pero los animales no son ciudadanos, como las personas dementes o discapacitadas: además de no desear las mismas cosas, tienen una percepción distinta de su condición.

Un mono al que se niega una recompensa pese a haber hecho lo que le mandaban y ve que se la dan a un congénere que no ha hecho nada, siente que es injusto y lo expresa. Pero siente esta desigualdad injusta como algo que solo le afecta a él o a los seres que percibe.

Los seres humanos, incluso los que padecen discapacidades graves, sienten la injusticia que se comete con ellos, pero también la que sufre su grupo, que puede ser la comunidad de personas con tal o cual discapacidad, las personas pertenecientes a una minoría, el conjunto de los ciudadanos de un país o la humanidad entera. Esta manera de concebir su identidad asociándola a una comunidad que va más allá del círculo estrecho de los seres presentes es propia de lo humano. Explica que seamos capaces de sentirnos concernidos por la suerte de seres que aún no han nacido, que viven lejos de nosotros o que son demasiado numerosos para que podamos representárnoslos y sentir empatía por ellos. Obedece a nuestra facultad de proyectarnos en el tiempo y el espacio, a nuestra memoria, al hecho de tener una historia que determina nuestra identidad. Ni siquiera un individuo con discapacidad múltiple permanece impasible ante la revelación de crímenes contra la humanidad, y eso altera la percepción que tiene de sí mismo y del mundo. Esta consistencia de nuestra identidad personal, siempre vinculada a lo colectivo, confiere una dimensión política a nuestra vida. El humano es el único que puede responsabilizarse de todos los seres vivos y sentir que pertenece a una comunidad política con ellos.

Por eso la justicia no implica que todos los miembros de la comunidad política formada por nosotros y los animales sean ciudadanos. Si queremos que se reconozcan los intereses de los animales y que el derecho contribuya realmente a protegerlos, delimitando lo que debemos o no hacer con ellos, es importante evitar las confusiones. Para que el término «zoópolis» –que no designa una democracia animal, sino una sociedad democrática que concilia los derechos del hombre con los intereses de los animales– no se convierta en un concepto multiuso, es preciso preguntarse qué requiere una teoría política de los derechos de los animales y qué clase de Estado los tomaría en serio.

3
DERECHOS DE LOS ANIMALES Y RESPONSABILIDADES DE LOS HUMANOS

Quienes politizan la cuestión animal han sabido aprender la lección del relativo fracaso de las éticas animales y de todas las teorías jurídicas que hasta ahora han sido incapaces de desmantelar un sistema de explotación que todos los años inflige sufrimientos intolerables a millones de seres sintientes.

Nunca se había debatido tanto sobre las condiciones de la vida y la muerte de los animales, pero en la práctica todo sigue igual para ellos. Politizar la cuestión animal implica organizar la coexistencia entre humanos y no humanos de tal forma que los intereses de estos queden incluidos en la definición del bien común. Significa partir del hecho de que compartimos la Tierra con los animales y mantenemos con ellos una relación que implica no solo deberes de humanidad para con ellos, sino también obligaciones, que el derecho debe concretar.

Las teorías clásicas otorgan derechos universales básicos a los animales para proteger su inviolabilidad y así librarles de la muerte, el descuartizamiento y el encierro. Estas prohibiciones serán papel mojado, pues mientras la protección animal no figure entre los objetivos de la política, el derecho seguirá siendo ineficaz. Podrá incluso servir de coartada, como vemos en algunas directivas europeas que nunca se aplican y a menudo se limitan a pedir jaulas más grandes, lo que tampoco mejora sustancialmente la vida de los animales.

Solo una teoría política que ponga límites a nuestro uso de los recursos y nuestra relación con los animales puede ayudarnos a crear una sociedad justa, una sociedad donde la relación entre humanos y no humanos no beneficie solamente a los primeros. Este planteamiento político de los derechos de los animales se desmarca de una reflexión meramente jurídica, en la que el derecho sigue siendo síntoma del reinado exclusivo de la especie humana, que decide la vida y la muerte de los demás seres vivos con arreglo a sus propios fines y los condena a ser objetos pasivos, mimados o despreciados.

El hecho de partir de la relación que mantenemos con los animales no significa que su valor dependa de esta relación, sino que la función del derecho es determinar las reglas de convivencia entre los seres.

La agentividad de los animales es el punto de partida de sus derechos: los humanos formulan en términos jurídicos lo que los animales tienen derecho a esperar de ellos.

La teoría relacional de los derechos de los animales ideada por Sue Donaldson y Will Kymlicka en *Zoopolis* resulta especialmente oportuna a este respecto, porque se pasa de un planteamiento que enuncia prohibiciones a un planteamiento que menciona las obligaciones positivas que tenemos hacia ellos. Su libro da pistas importantes para crear una sociedad donde haremos el menor daño posible a los animales y garantizaremos el respeto a sus intereses cuando nuestra supervivencia no esté en juego.

Donaldson y Kymlicka, que no preconizan el *abolicionismo** ni el veganismo, consideran legítimo usar a los animales para ciertos fines, como los perros guía de los ciegos. Estos casos merecen ser discutidos uno por uno, porque todo depende de la crianza y el trato que reciben los animales utilizados con fines terapéuticos. Sea como sea, la teoría relacional del derecho, al señalar las obligaciones concretas y diferenciadas que tenemos con los distintos tipos de animales, permite distinguir los que son simples abusos y deben suprimirse.

Estos autores distinguen entre animales domésticos, que hemos vuelto dependientes de nosotros, animales salvajes, que viven a su aire en territorios escogidos por ellos, y *animales liminares*,* que se instalan cerca de nosotros para conseguir comida. Estamos obligados a alimentar a nuestros animales de compañía, cuidarlos y librarlos de los depredadores, pero esta obligación no es extensiva a los ciervos y las gacelas que viven en la sabana. Lo que no quiere decir que el principio de no intervención en las relaciones con la fauna salvaje sea la panacea. Al contrario, la contaminación creada por los humanos exige reparación. Tampoco podemos hacer como si los animales liminares –ratones, ardillas o zorros– no tuvieran derecho a vivir; aunque haya que impedir su proliferación, matarlos debe ser algo excepcional.

Para explicar las obligaciones que tenemos con los grupos de animales, Donaldson y Kymlicka se basan en la teoría de la ciudadanía tal como ha sido renovada por el multiculturalismo. Dicha teoría gira alrededor de la distinción entre los derechos universales básicos y los derechos diferenciados. Todos los pasajeros de un avión que aterriza en Nueva York tienen derecho a ser protegidos de la tortura y la esclavitud, cualquiera que sea su nacionalidad. Pero estos derechos universales básicos no les dan derecho al voto ni a la residencia. Si se aplica esta distinción a los animales se puede completar la teoría, otorgándoles derechos universales básicos en virtud de una teoría que también señale los derechos diferenciados propios de su condición.

En cuanto a la noción de soberanía, que tiene sentido incluso para los pueblos que no están organizados en Estados, Donaldson y Kymlicka consideran que se puede aplicar a los animales salvajes que no pretenden entablar relaciones con nosotros, sino vivir libremente en un territorio y a veces en sociedades con reglas específicas. Es injusto destruir la selva como si estuviera deshabitada o sacar a los animales de su ambiente para condenarlos a la cautividad. La soberanía implica respetar unas reglas propias de una comunidad específica. No obstante, la relación entre los seres humanos y los animales salvajes no son análogas a la relación entre Estados o entre las sociedades soberanas, en la que cada parte, pese a las diferencias de poderío, puede declarar la guerra a las otras.

Por último, las obligaciones que tenemos con los animales liminares obedecen a sus derechos universales básicos, pero no estamos obligados a protegerlos, como hacemos con nuestros animales de compañía. Donaldson y Kymlicka comparan a los animales liminares con las personas que tienen la condición de residentes. Esta comparación permite responder a las objeciones de quienes caricaturizan a los defensores de los animales preguntándoles si están dispuestos a proteger a las chinches y los piojos lo mismo que a su perro. Pero, por otro lado, tampoco se puede otorgar el mismo estatuto legal a los animales liminares que a los residentes, porque si por ejemplo el hecho de matar a los ratones, aunque sea excepcionalmente, está justificado, no se puede hacer lo mismo con los migrantes.

Por eso lo difícil, después de haber reconocido que la cuestión animal es política, es concebir el modo en que pueden entrar en política. La transferencia de categorías humanas a los animales que proponen Donaldson y Kymlicka supondría una igualdad política entre los humanos y los animales. Pero entre ambos existe una asimetría insuperable, y eso agrava nuestra responsabilidad a la hora de dictar leyes que no sirvan solo para los humanos.

Esta asimetría se debe a que los animales solo pueden tener derechos si los humanos se los otorgan. El derecho positivo o existente supone la declaración por escrito. Para que los intereses se incluyan en la definición de bien común es preciso que unos seres humanos los reconozcan y negocien, si es preciso caso por caso, los límites que no debemos sobrepasar en nuestras actividades que implican directa o indirectamente a los animales. Dicho de otra forma, para que pueda nacer una sociedad justa con los animales, hace falta que unos humanos lo deseen. Pero además tienen que llevarlo a cabo ante otros humanos que no siempre estarán dispuestos a aceptar este cambio que modifica el sentido y los fines de la política y tiene graves consecuencias sobre sus actividades económicas y su vida cotidiana.

Una *zoópolis* requiere que la cuestión animal se incorpore a la democracia; hay que promover la justicia con los animales en una sociedad de humanos no siempre convencidos de la legitimidad de esta lucha, y hacerlo respetando todas las reglas y todos los procedimientos democráticos. Los defensores de los animales deben respetar el pluralismo y exponer sus intereses en asambleas formadas por representantes humanos que procuran dar respuesta a las preocupaciones de sus electores.

Promover una sociedad justa con los animales exige acabar con la explotación animal, pero esto supondría que la gran mayoría de los individuos fuesen antiespecistas, y sabemos que por ahora no es así. La lucha política a favor de la liberación animal debe abrirse paso. Este objetivo requiere aplicar una estrategia tanto en las organizaciones políticas, éticas y culturales de base –a lo que puede contribuir la formación de un movimiento y un partido animalista– como en un nivel institucional, con cambios indispensables en el sistema representativo.

4
LOS TRES NIVELES DE LA LUCHA POLÍTICA

En política hay tres niveles en los que conviene apoyarse para reformar una sociedad.

El primer nivel es normativo, y tiene que ver con los fundamentos éticos y filosóficos de la sociedad.

El principio de tener en cuenta los intereses de los animales en la definición del bien común no recibe una adhesión inmediata, pues no solo choca con muchos intereses humanos sino que, además, nuestras pasiones nos dividen y, como decía Hobbes, no estamos seguros de que mañana querremos lo que queremos hoy. Ni siquiera un interés obvio que debería exhortarnos a evitar la guerra basta para poner de acuerdo a los individuos. A diferencia de los animales gregarios, como las abejas y las hormigas, que ven inmediatamente dónde está el bien común, nosotros necesitamos la institución política y la fuerza imperativa de la ley para crear las condiciones de una paz duradera y aplicar la justicia.

Esto ha ocurrido siempre con todos los principios de la justicia y todas las grandes luchas, como la abolición de la pena de muerte, que no ha sido el resultado de una suma de opiniones ni de un referéndum, sino el fruto de una decisión racional y argumentada que, hundiendo sus raíces en la tradición, actualizaba lo más noble de nuestra civilización. La justicia no es una pasión. Sus principios no se aplican de forma arbitraria. Se basan en una filosofía que explica el sentido de la existencia humana y de la asociación política, como hemos mostrado en un libro anterior, *Les nourritures*. Nadie se los ha sacado de la manga, como si no tuvieran nada objetivo, sino que se han reconocido al término de un proceso deliberativo.

Por todos estos motivos, el marco del contrato social es pertinente. Porque designa un convenio entre los humanos: el bien común no es algo que viene dado, hay que buscarlo e instaurarlo. El contrato social, que es una norma y no un hecho, y subraya el carácter artificial del Estado, es un acuerdo entre humanos. Se trata de lograr que entre las finalidades de la política se mencione explícitamente la defensa de los intereses de los animales. Cuando los principios en que se basa la justicia de una comunidad política están consignados en su constitución, adquieren una fuerza y una visibilidad que facilitan su cumplimiento.

El segundo nivel en el que conviene apoyarse para reformar la sociedad es el representativo. Para que los intereses de los animales lleguen a ser una finalidad del Estado y un principio constitucional que se aplique realmente, y para que la cuestión animal se examine de manera transversal en todas las políticas públicas, es preciso completar la democracia representativa.

Los representantes, como es natural, están más preocupados por los intereses de los humanos que les han dado su mandato que por la suerte de los animales. Para que la cuestión animal no quede eclipsada por nuestras preocupaciones inmediatas conviene designar a unas personas encargadas de velar, dentro de las instancias deliberativas y no al margen de ellas, por la inclusión de los intereses de los animales en las políticas públicas. Su control consistiría no tanto en proponer nuevas leyes como en exigir la revisión o el rechazo de las que contradigan el principio constitucional que establece la integración de los intereses de los animales en el bien común.

La primera etapa consistiría en lograr que la mejora de la condición animal, y no el fin de la explotación, sea un deber explícito del Estado. Los humanos encargados de verificar que no se olvide a los animales en todas las políticas públicas (de agricultura, ganadería, deporte, cultura, educación, transporte y comercio) podrían pedir la supresión de algunas prácticas que supongan un claro maltrato. Su cometido también consistiría en promover mejoras significativas en la utilización de animales y convencer a los agentes económicos y los ciudadanos para que poco a poco cambien sus formas de producir y consumir. Este cometido sería el de censores, porque tendrían sobre todo poder de veto, pero no se reduciría a él. Su presencia en las instancias deliberativas instalaría progresivamente la cuestión animal en la sociedad, la economía y la cultura, y promovería la transición democrática a una sociedad justa con los animales.

El nombramiento de estos representantes que ocuparían escaños junto a los diputados y senadores podría hacerse por sorteo a partir de una lista de personas que hubieran dado muestras de compromiso con la causa animal. Estas personas también deberían ser capaces de intervenir de manera pertinente y elocuente, respetando las reglas de la ética de la discusión: tolerancia, escucha, pero también argumentación, transparencia, capacidad de ampliar su punto de vista pensando en lo que puede tener sentido para la comunidad, y de revisarlo de acuerdo con los datos que vayan apareciendo.

En esta lista también habría etólogos y personas capaces de presentar alternativas a la experimentación animal y a la alimentación con carne, a condición de que posean las cualidades antes mencionadas y no tengan ningún conflicto de intereses con los grupos de presión. Estos representantes se nombrarían por sorteo y para un periodo determinado, evitando así el desgaste y la corrupción que produce el ejercicio del poder. Durante su mandato, las y los que fueran docentes o investigadores obtendrían la excedencia, y los profesionales liberales recibirían una compensación económica por la suspensión de sus actividades.

El tercer nivel de la acción política es el espacio público. Se trata de hacer todo lo posible para que los individuos, simples ciudadanos, representantes políticos y agentes económicos, integren a los animales en la esfera de la consideración moral, y para que estén dispuestos a promover la justicia con los animales. Un movimiento cultural, filosófico y artístico que explique la importancia y la universalidad de la causa animal es la clave de esta evolución social y política. También puede pasar por la creación de un partido animalista abanderado de la causa animal, que recuerde a los demás partidos su carácter insoslayable y contribuya a la formación de la opinión pública.

5

EL ANIMALISMO

Se puede llamar animalismo al movimiento filosófico, social, cultural y político que caracteriza y congrega a personas comprometidas con la defensa de los intereses de los animales, tanto con su ejemplo individual como con su acción colectiva. El animalismo incluye las *sociedades protectoras de animales** y a particulares que, con sus pensamientos y sus actos, den muestras de un compromiso a favor de los animales (compromiso que no debe ser un pretexto para hacerse notar). Todas estas personas tratan de mejorar la condición de los animales allí donde se encuentran, y luchan contra su explotación que, en sí misma, es contraria a la justicia.

Los animalistas son antiespecistas y sus convicciones les llevan al veganismo. Conscientes de que su pelea es parte de la lucha contra todas las formas de discriminación, contra la esclavitud, el racismo y el sexismo, contra la explotación de seres humanos por otros seres humanos y de las naciones por otras naciones, no separan la defensa de los animales de la defensa de los derechos humanos.

Convencidos de que la causa animal es también la causa de la humanidad, y de que la reconciliación con los animales nos reconcilia con nosotros mismos, saben que la entrada de los animales en la ética y la justicia implica la renovación del humanismo. Luchar contra el maltrato animal es luchar contra todas las violencias infligidas a humanos y no humanos, sean legales o ilegales. Frente a la deshumanización provocada por el afán de dominio y el miedo al otro, proponen una ética de la vulnerabilidad que combina la aceptación de la finitud, la responsabilidad con la naturaleza y con todos los seres vivos, y el amor a la vida.

Los animalistas están convencidos de que van en el sentido de la Historia, pero reconocen que los cambios necesarios para instaurar la justicia con los animales chocan con intereses de grupos influyentes. Creen que ha llegado el momento de dar a conocer su movimiento. Su movimiento se basa en una filosofía del sujeto y una antropología nuevas, e implica la revisión de las finalidades de la política, la reorganización de la democracia y la salida del capitalismo. Como se consideran pioneros, los animalistas saben que la mayoría de sus contemporáneos aún no admiten la universalidad y generosidad de su causa. En sus palabras y sus obras se comprometen a respetar las reglas democráticas, el pluralismo, el debate y la no violencia.

Ajustando sus convicciones políticas y éticas a sus actos, tratan de convencer a los demás con afabilidad y, siempre que pueden, señalan la alternativas al uso de productos animales en la alimentación, la moda y la experimentación. La difusión de informaciones sobre una alimentación vegetariana, la necesidad de tomar vitamina B12 para evitar las carencias, los consejos en materia de dietética y cocina, los datos sobre lugares donde se pueden encontrar productos de belleza, ropa y calzado veganos, son actos que obedecen a su compromiso ético y político.

Los animalistas piensan que acabarán ganando: algún día los humanos comprenderán que la explotación de un animal, el hecho de llevarlo a una muerte provocada, comerlo y someterlo a experimentos, son moralmente problemáticos. Esta toma de conciencia producirá un cambio en el derecho natural y en sus fundamentos. Ya no será legítimo explotar a un ser sintiente.

No es seguro que lleguemos a ver el fin de la explotación animal. Nadie puede decir cuánto tiempo tiene que pasar. Lo que es seguro es que el movimiento animalista ha llegado a la edad adulta y que la cuestión animal debe entrar en política. Siempre que estén organizados, que las divisiones internas no afecten a la unidad de la lucha y que cada cual sepa dónde está y cuál es su cometido, los animalistas lograrán hacerse oír en los medios, ante sus conciudadanos, los representantes políticos y los distintos agentes de la economía, en sus países y en todo el mundo. De este modo ayudarán a desmantelar un sistema basado en la explotación de los seres vivos, humanos y no humanos, reemplazándolo poco a poco por otro modelo de desarrollo.

A menudo se ha dicho que la esclavitud fue abolida gracias a un hombre que no estaba del todo libre de prejuicios racistas. El hecho es que A. Lincoln, cuando fue elegido presidente de Estados Unidos, se halló ante un dilema semejante al que enfrentamos hoy como animalistas y como ciudadanos de una democracia.

Su misión, como presidente, era hacer que se respetara la Constitución de 1787 que garantizaba la autonomía de los estados, y por tanto la de los estados sudistas que mantenían la institución de la esclavitud. Pero en su fuero interno pensaba que la esclavitud era un mal moral, social y político, aunque al principio no imaginaba que los esclavos negros, una vez emancipados, pudiesen alcanzar una ciudadanía plena. En el discurso pronunciado al principio de su mandato fingió que apoyaba esta «institución peculiar» a la que se aferraban los estados del Sur, porque se presentó como el que unía al país y no podía basar su política en sus convicciones. Un año después el país seguía en guerra y el 1 de diciembre de 1862 expuso su plan para una emancipación compensada.

En este mensaje al Congreso queda patente su voluntad de mantener el país unido y convencer a sus conciudadanos de que la abolición de la esclavitud era inevitable y era el futuro de la humanidad. Buscando acuerdos en medio de la discrepancia, propuso pagar compensaciones a los dueños de esclavos de los estados sudistas fieles a la

Unión nordista. Las demoras establecidas iban dirigidas a imponer la abolición de la esclavitud tranquilizando a los ciudadanos que, por entonces, tenían posturas irreconciliables: los que deseaban la abolición sabían que de todos modos ya estaba programada, y los que no la aceptaban no sufrirían sus consecuencias, porque no vivirían para verlo.

El 22 de septiembre de 1862 Lincoln presentó una Proclamación de Emancipación que no daba ninguna compensación a los propietarios. Además de no garantizar la ciudadanía estadounidense a los esclavos emancipados, y de no prohibir la esclavitud, solo se aplicaba a los esclavos de los estados bajo control confederado. Hubo que esperar a la firma, tres años después, de la decimotercera enmienda, para que la esclavitud fuera ilegal en todo el país. Pero aunque los acontecimientos no se desarrollaron como los había planeado Lincoln al principio, su propuesta de una emancipación progresiva y compensada tenía sentido. Esta puede ser, para los animalistas, una estrategia que haga avanzar su causa política, en especial sobre la difícil cuestión de la ganadería.

En efecto, no habrá ninguna mejora de las condiciones de vida y muerte de los animales utilizados para carne si no se llega a acuerdos con los ganaderos, que ni son enemigos ni han sido señalados como tales por los animalistas. Los ganaderos son los primeros en sufrir las consecuencias de un sistema que muy a menudo les obliga a maltratar a los animales para sobrevivir; además, de lo que se trata es de acabar con la explotación animal de un modo democrático.

6

LOS DOS PLAZOS DE LA LUCHA POLÍTICA

Para que el animalismo sea algo más que un movimiento intelectual, cultural y moral, y se convierta en una fuerza social y política, es importante reconocer que la acción a favor de los animales tiene dos plazos: uno largo, cuya meta es el fin de la explotación, y otro corto, durante el cual es preciso tomar una serie de decisiones para mejorar significativamente la suerte de los animales y emprender la transición a una sociedad más justa con ellos.

Estos dos plazos superan la contraposición entre el abolicionismo y el *bienestarismo*,* que se limita a pedir instalaciones que garanticen el *bienestar de los animales*,* pero no cuestiona su explotación. Distinguir dos plazos en la reflexión y la acción política significa que no son necesariamente las mismas personas, los mismos medios de comunicación, las mismas sociedades protectoras de animales ni los mismos libros los que promueven el fin de la explotación animal, denuncian los abusos o imponen cambios en las prácticas y la legislación para mejorar la suerte de los animales. Todos tienen su importancia y su cometido. Lo importante es que cada cual reflexione sobre el modo de promover la causa animal haciendo gala de sus conocimientos, su experiencia, su talento, su posición social y sus contactos.

La politización de la cuestión animal tampoco equivale a afirmar que el abolicionismo es válido en teoría pero no en la práctica, y que las reivindicaciones bienestaristas son las únicas que pueden figurar en la agenda política. Olvidemos ese escrúpulo y hagamos la lista de propuestas concretas que podrían tener sentido, ahora que ya nadie puede hacer como si la cuestión animal fuese un asunto secundario, relegado a la periferia de la política.

Hay propuestas que pueden lograr una amplia aprobación, tanto de los veganos como de los que no lo son, y ser aplicables inmediatamente, aunque todavía choquen con los intereses de ciertos grupos y con las opiniones de ciertas personas. Otras deben ir acompañadas de un calendario que concrete los plazos necesarios para su aplicación, indicando las compensaciones que permitan el reciclado de los distintos actores afectados. Por último, hay que saber qué iniciativas en el ámbito de la cultura y la educación pueden cambiar las mentalidades y lograr que el fin de la explotación animal se acabe imponiendo como una evidencia.

Tercera parte

PROPUESTAS CONCRETAS

1

LAS PROPUESTAS QUE PUEDEN GOZAR DE UN AMPLIO CONSENSO

La supresión a corto plazo de prácticas que causan sufrimientos muy intensos e inútiles a los animales es algo que puede contar con la aprobación de la mayoría de los ciudadanos. El hecho de que estas medidas puedan contar con un amplio consenso, logrado, como en *Teoría de la justicia* de John Rawls, al descorrer «un velo de ignorancia», haciendo abstracción de los intereses económicos y profesionales y de sus posiciones ideológicas, no significa que todos estén inmediatamente de acuerdo. Para saber qué cambios, no solo justos sino también razonables y oportunos, se deberían hacer en una sociedad, cada cual debe hacer un esfuerzo y preguntarse qué es lo que tiene sentido para la comunidad.

La cautividad de los animales salvajes en los circos y los delfinarios, las corridas de toros y los espectáculos con peleas de animales, la caza de montería, la producción de foie gras y el comercio de pieles son prácticas difíciles de justificar hoy en día. Su utilidad para la colectividad ya no compensa la crueldad que implican. Su aceptación social obedece, en gran medida, a la costumbre, pero también a una distorsión informativa y a una opacidad que conviene denunciar, recordando aquellos principios de respeto a los animales que se infringen.

Por supuesto, las personas que trabajan en estos sectores y han invertido en ellos años de estudio, su reputación, su dinero y sus energías, se sentirán muy perjudicadas por la supresión de estas prácticas. No querrán atender a razones, por lo menos al principio. Por eso es indispensable que cada propuesta dirigida a prohibir estas actividades vaya acompañada de un plan que contemple el reciclaje de los individuos implicados. Deben otorgárseles ventajas económicas y ayudas que hagan posible dicho reciclaje. Dado que un mundo más justo con los animales también es un mundo mejor para los humanos, es importante que este reciclaje no se experimente como una desgracia o un castigo, sino como una ocasión de evolucionar y sentirse en paz consigo mismos.

Uno de los principales obstáculos para la transición hacia una sociedad justa con los animales es la resistencia de las personas que trabajan en sectores que implican la explotación animal. Para sortear este obstáculo lo primero que hay que saber es que su resistencia es casi normal. Basta con pensar que toda nuestra sociedad está construida sobre cimientos especistas para comprender que la causa animal sacude estos cimientos. Por eso no deben sorprendernos ni indignarnos las reacciones, a veces violentas, que provocan quienes desean promover más justicia hacia los animales. Porque lo que ponen en entredicho es la identidad, la trayectoria y la historia de personas que se han ganado un lugar en un mundo que justifica la explotación animal. No nos equivoquemos de enemigos tachando a estas personas de verdugos de los animales; hay que mirar la forma en que puedan incorporarse a una sociedad justa con los animales.

a) Fin de la cautividad

La cautividad de los animales salvajes en los circos, parques y zoológicos atenta contra el bienestar de los animales. Tanto si se les arrancó de su medio natural separándolos de los miembros de su familia (a menudo tras una matanza en una cacería organizada, como vemos en la bahía japonesa de Taiji), como si han nacido en cautividad, las fieras, los lobos, los monos, los elefantes, las cebras, los osos, los delfines y las orcas no tienen que estar en jaulas ni en piscinas.

Todos los animales cautivos se aburren soberanamente y desarrollan estereotipias que revelan su malestar. Ningún cetáceo puede estar a sus anchas en un delfinario, porque las piscinas cloradas donde los encierran no tienen nada que ver con el ambiente que necesitan. Recordemos que los primeros delfinarios aparecieron a mediados del siglo XIX y sobre todo en el XX, a finales de los años treinta. Hoy en Francia hay cuatro delfinarios: Marineland en Antibes, Planète Sauvage en Port-Saint-Père, próximo a Nantes, Parc Astérix, en la región parisina, y Moorea Dolphin Center en la Polinesia francesa. Brasil, Chile, Chipre, Croacia, Costa Rica, Hungría, India, Suiza y Eslovenia los han prohibido, y la legislación británica es tan restrictiva que dificulta su apertura. En Estados Unidos muchos establecimientos han cerrado recientemente a raíz de la difusión del documental *Blackfish*, de Gabriela Cowperthwaite, que repasa la vida de Tilikum, una orca macho capturada en 1983 que mató a tres personas durante su cautividad.

Para cazar, aparearse y huir de los conflictos, los delfines y las orcas deben vivir en los océanos, sondear sus profundidades con su sónar y recorrer de cien a ciento cincuenta kilómetros diarios. En cautividad, el ruido de la muchedumbre y la música les perturban; debido a la promiscuidad, pero también a unas transferencias que los obligan a vivir en grupos que no hablan su lenguaje, pierden todas sus referencias y se vuelven agresivos. A veces los atenaza el hambre. La pobreza del medio y el conjunto de las frustraciones que experimentan hacen que se vuelvan agresivos e incluso psicóticos.

Además de estar aturdidos por los antidepresivos y atiborrados de antibióticos para curar las heridas causadas por las peleas, los golpes contra el borde de la piscina y los mordiscos a las barreras metálicas, que rompen el esmalte de sus dientes, reciben hormonas para controlar su sexualidad. Una sexualidad siempre reprimida, porque la mayoría de los nacimientos son fruto de inseminaciones artificiales. El ruido que se oye a través de los vidrios, producido por el castañeteo de sus mandíbulas, delata las peleas constantes. Nadan en círculo o se dejan flotar por desesperación, como hacen con frecuencia las orcas, que tienen la aleta dorsal doblada debido a la privación de espacio y ejercicio.

El público que acude a ver los espectáculos de delfines y orcas ama a estos animales sensibles e inteligentes. Cree que les gusta hacer acrobacias y ve con agrado la complicidad entre los cetáceos y los cuidadores. No sabe cuán intenso es el sufrimiento de estos animales y desconoce que para conseguir que den esos saltos y se queden varados en el borde, con los órganos comprimidos y la piel abrasada por el sol, los castigan dejándolos sin comer o aislándolos y los humillan obligándolos a dar esas volteretas a cambio de pescado muerto arrojado en recompensa.

Lo que tienen en común todos los espectáculos que implican el amaestramiento del animal es la humillación. Ningún tigre saltaría a través de un círculo de fuego si no lo hubieran obligado durante largas sesiones para que reprimiera sus instintos y obedeciera a un amo que a cambio le dará comida o un latigazo para anular su voluntad. Durante la doma en cautividad no siempre se golpea a los animales, y en Francia, por lo general, reciben una alimentación correcta, pero las frustraciones y la obligación de exhibirse en números que, a veces, los ridiculizan, son un ultraje a su dignidad. La doma de animales de circo y la cautividad son contrarias al respeto a la dignidad del animal.

La doma es violencia también por otro motivo: revela el deseo humano de apropiarse de la fuerza salvaje, reduciendo a la fiera a la esclavitud. Esta violencia es compartida por el espectador que acude a admirar la belleza apresada, la fuerza domada, el animal vencido por el humano que ha sabido dominarle. Ir al circo para ver espectáculos con animales es consagrar la dominación, hacer de ella un arte. Los animales, aunque se diga que «trabajan», están ahí para poner en evidencia el poder humano. El precio que pagan estos animales carismáticos es una vida de privaciones, de aburrimiento, a veces de golpes, y la sensación constante de estar desnaturalizados, de deber su supervivencia y su comida a la voluntad de unos humanos que vulneran el derecho natural de todo ser sintiente: la libertad.

Por todos estos motivos parece necesario y conveniente suprimir los espectáculos de animales en los circos y cerrar los delfinarios. Los animales cautivos que no se puedan soltar en su medio natural tienen que llevarse a santuarios donde se respeten sus necesidades básicas. Para los cetáceos nacidos en cautiverio es preciso crear un brazo de mar que les permita vivir en un ambiente adecuado, en presencia de otros animales con los que se entiendan, y hacer todo lo posible para que aquellos que estén en condiciones puedan volver al océano.

El personal de estos establecimientos, ya sean cuidadores, adiestradores o investigadores, podrían aprovechar su conocimiento de estos animales ayudando a su reintroducción y trabajando en la conservación de estas especies, que deben soportar la contaminación de su medio natural, o incluso enseñando al público lo que saben y contando su experiencia. Si cambian las circunstancias y ya no se trata de explotar al animal para sacar beneficio sino de respetarlo y servirlo, los antiguos adiestradores tendrán muchas cosas que contar sobre las reacciones de los cetáceos y sobre sus propios sentimientos.

En el caso de los zoos, es necesario distinguir entre los que son auténticas cárceles y los que contribuyen a preservar ciertas especies amenazadas. Pero es difícil negar que algunos animales, como los osos, las fieras, los lobos o los elefantes necesitan un espacio y un medio vital que los humanos no pueden reproducir. El hecho de encerrar a un animal es moralmente problemático. Sobre todo cuando las jaulas son pequeñas, como en la «casa de fieras» del jardín botánico de París. Este lugar, por lo demás magnífico, inspiró a Rilke un poema en homenaje a la pantera desesperada, cuyo infortunio todavía comparten hoy muchos otros animales que la han sucedido en estos recintos imposibles de reformar porque están catalogados como patrimonio nacional. ¡Es un escándalo que haya animales sin apenas espacio porque un lugar tiene que conservarse tal cual! ¡Que dejen las jaulas si quieren, pero entonces que las vacíen! En un zoo debe hacerse todo lo posible para que los animales se sientan a gusto y no vegeten sumidos en el tedio y la soledad. No se debe matar inútilmente a ningún animal, como se hizo en 2004 con una cría de jirafa en el zoo de Copenhague por no tener una dotación genética apropiada para la reproducción.

Algunos establecimientos justifican su existencia con el argumento de que la cría en cautividad de especímenes raros permite su reproducción. Bien, pero cabe añadir que su encierro debe ser provisional y que la finalidad, en todo caso, debe ser su introducción o reintroducción en su medio natural. Los conocimientos y la experiencia de los cuidadores pueden ser de gran utilidad para el logro de esta operación. Pero pretender que los zoos tienen una función educativa es una mentira, pues equivale a afirmar que es legítimo meter a un animal en una jaula para satisfacer la curiosidad de unos espectadores. Hoy no solo es posible conocer a estos animales mediante reportajes y documentales que los muestran en su medio natural, sino que además este argumento, que sirve para disimular el comercio lucrativo en el que participan estos establecimientos, oculta otra realidad, igual de discutible en el plano moral.

El placer que sienten los visitantes del zoo se debe a que tienen unos animales salvajes a su disposición, a que pueden observarlos sin correr ningún riesgo. Este espectáculo alienta la escisión, que impide sentir piedad. Es más, supone dicha escisión: solo quien está escindido puede gozar con el cautiverio de otro ser sintiente. Todo el dispositivo de los zoos obedece a este esquema dualista: el otro está encerrado y yo lo estoy viendo, sin ningún peligro, en un recinto de donde no puede escapar y donde no puede dar rienda suelta a sus instintos. El zoo expresa y refuerza el sentimiento de superioridad de los humanos sobre los animales. Un sentimiento semejante al que tuvieron antaño frente a otros humanos convertidos en fenómenos de feria y expuestos a la curiosidad pública, como Saartjie Baartman, apodada la Venus Hotentote debido a su figura, caracterizada por la hipertrofia de las caderas y las nalgas prominentes.

b) Prohibición de las corridas de toros y los espectáculos de luchas de animales

Las corridas de toros son espectáculos de una crueldad inaudita y aportan cada vez menos beneficios a las ciudades que utilizan las subvenciones públicas para organizarlas y cubrir su déficit. Se suelen presentar como una herencia del culto a Mitra procedente de Irán e importado a Roma. En realidad se inventaron en el siglo XVIII con procedimientos de sacrificio inspirados en las prácticas de los mataderos. Para prohibir este combate ilegal entre un herbívoro y un humano armado bastaría con derogar el apartado 7 del artículo 521-1 de nuestro Código Penal [francés].

En el primer apartado de dicho artículo se lee: «El hecho de ejercer, sea o no en público, sevicias graves o de naturaleza sexual, o de cometer un acto de crueldad con un animal doméstico o domesticado o mantenido en cautividad, se castigará con dos años de cárcel y 30.000 euros de multa». No obstante, la ley Ramarony-Sourbet del 24 de abril de 1951 plantea una excepción a este principio: «Las disposiciones del presente artículo no son aplicables a las corridas de toros cuando se haya establecido una tradición local ininterrumpida». De modo que las corridas, según el Código Penal, son un delito reprimido en toda Francia menos en once departamentos del sur, donde este delito está exento de castigo. La supresión de este apartado permitiría no solo prohibir las corridas de toros sino también aplicar la ley en todo el territorio, como es lo propio de un Estado de derecho.

El envite moral, político y estratégico de la abolición de las corridas de toros es primordial, pues aunque provoca menos víctimas animales que la ganadería o la experimentación, estimula la violencia contra los animales dotándola de cierto prestigio, debido a la identificación de esta práctica con un arte. Contradice los esfuerzos que deben hacerse para que los seres humanos incluyan a los otros seres sintientes en la esfera de su consideración y cultiven el respeto a los seres vivos.

A diferencia de los espectáculos de delfines o de los circos, a los que acude un público que desconoce los sufrimientos de un animal querido, los aficionados pagan por disfrutar con el suplicio de un animal al que, además, consideran malvado. La corrida transmite una imagen equivocada de los toros, que no tienen una inclinación natural a atacar, sino a huir, como todos los herbívoros.

El arte de los toreros también es una mentira, pues es sabido que este animal, que goza de una amplia visión panorámica gracias a sus ojos separados a ambos lados de la cara, tiene una visión binocular frontal reducida. Las imágenes que percibe son borrosas y calcula mal las distancias. Su aparato ocular no está hecho para centrar su atención en un objeto concreto sino para discernir las formas y los movimientos. Cuando el torero mueve la capa y se pone de lado, juega con las características del toro, que solo embiste contra lo que está en movimiento. Asustado por las formas imprecisas y por sus movimientos, que lo desorientan, el animal embiste bajando la cabeza para llevar los cuernos por delante y luego la levanta para observar la situación.

El ardid del torero consiste en matarle lentamente: obligándolo a mantener la cabeza baja, secciona sus músculos dorsales con puyazos, lo debilita para limitar sus reacciones y lo sangra cortando con la espada las grandes venas del cuello. La desventaja de los toros es aún mayor cuando sufren mutilaciones antes de salir al ruedo, como el afeitado de los cuernos. Esta práctica consiste en serrarlos en vivo, sobre la materia inervada, para acortarlos varios centímetros. Para disimular esta mutilación, dirigida a minimizar el riesgo del torero y alterar la percepción espacial del toro, cuya embestida será imprecisa, se reconstruye la punta del cuerno con resina.

El placer que sienten los aficionados también se explica por el hecho de que la corrida ilustra el combate con un animal que simboliza la fuerza y la bravura. Al matarlo con «arte», el humano simula que se enfrenta a la muerte y vence a la animalidad. Una vez más, la belleza y majestuosidad de los animales son su perdición. Es difícil no ver en el placer por la aniquilación de un ser vivo con semejante presencia física la marca de un esquema viriloide que gobierna la expresión de la fuerza bruta y el dominio del cuerpo del otro.

Por todos estos motivos la abolición de las corridas de toros se impondrá en todos los países, y con ella la prohibición de las peleas entre animales. Cuando los animales no sirven para resaltar la fuerza de los humanos, su sufrimiento también produce grandes ganancias, como en el caso de animales criados en condiciones miserables, domados de manera violenta, salvajemente heridos y sacrificados de manera lamentable. Todo este sufrimiento solo aprovecha a un reducido número de personas.

El dinero que se gasta en organizar espectáculos de tauromaquia podría servir, durante algún tiempo, para ayudar a reciclarse a los ganaderos de reses bravas y a los toreros. Hay quien propone autorizar solo las corridas en las que el animal no muere, como en Portugal. Esta solución es inadecuada, porque esta práctica, que consagra el dominio del humano sobre el animal, también es muy violenta. La corrida portuguesa se hace a caballo (sin engualdrapar ni proteger) y sin picador. El jinete clava unas *farpas* (banderillas de arpón doble) en la cruz del toro. Cuando el animal está agotado por la sangre que ha perdido, ocho hombres (*forcados*) a pie entran en el ruedo y lo inmovilizan para el número final. El último de ellos le agarra la cola y lo sujeta. El toro es sacrificado fuera del ruedo con cuchillos. O le arrancan las banderillas sin anestesia y lo dejan agonizando hasta que abra el matadero, al día siguiente o a los dos días.

c) Supresión de la caza de montería

Muchos países, como Gran Bretaña, que es su cuna, han suprimido la caza de montería, vestigio de una sociedad aristocrática que se perpetúa con cazadores ricos de ciudad, a menudo desconocedores del mundo rural y de la fauna salvaje, que recrean así una jerarquía social antañona en la que los ojeadores, picadores, batidores, jinetes, invitados, gendarmería, capitán de montería y espectadores tienen cada uno su rango.

Los cazadores persiguen a los zorros, corzos, ciervos o jabalíes hasta las fincas particulares donde se refugian, enloquecidos. Los matan con daga o chuzo, que pocos picadores saben manejar bien. En efecto, no hay un permiso específico para la caza de montería: cualquiera que tenga permiso de caza puede practicarla. Los perros, considerados como simples instrumentos, viven el resto del tiempo encerrados en perreras, y a los caballos los tratan como ciclomotores que sirven para recorrer largas distancias. El momento (alalí) en que la jauría de perros alcanza al animal cazado, y el encarne, cuando se echa la piel que recubre las vísceras a la jauría de perros para dominarla, son escenas de una violencia insoportable.

La prohibición definitiva de esta práctica debería acarrear también la de la caza. Hoy en día la caza ya no tiene utilidad para regular la población de ciervos, zorros y otros animales de monte. Ellos se regulan a sí mismos con arreglo a los ecosistemas y el alimento disponible, a condición de que no se introduzcan otros individuos criados para que los maten los cazadores, y de que no se provoque una situación en que la superpoblación haga necesaria la intervención brutal del hombre.

Hoy en día la caza es un entretenimiento, no una necesidad que tenga que ver con la supervivencia o la ecología. Las personas que cazan podrían encontrar fácilmente otros alicientes para juntarse y andar por el campo. Aunque todavía cuenta con el fuerte respaldo de los representantes políticos, esta actividad va a disminuir, porque es cada vez menos atractiva para los jóvenes y los accidentes que provoca, cuyas víctimas son los paseantes, la desacreditan. A medio plazo casi todos los ciudadanos se convencerán de que es preciso prohibir la caza, sobre todo si aprendemos a convivir mejor con las otras especies.

d) Prohibición de las pieles y el foie gras

El problema de la ganadería es complicado en el plano político, pues da de comer a muchas personas y la mayoría de los individuos todavía no aceptan que desaparezca. Sin embargo, hay ciertos productos que, desde ahora, deben retirarse de la venta, porque provocan sufrimientos inaceptables y su utilidad es más que discutible. Se trata del foie gras y las pieles.

En las granjas de animales de peletería la vida de los seres sintientes capturados o criados en jaulas minúsculas de 0,6 m^2, expuestos al frío del invierno y al calor del verano, es infernal. La mayoría se vuelven locos y se mutilan. Ocurre así con los zorros, que dan vueltas sobre sí mismos sin cesar y se arrancan la piel. Los mapaches y los visones, que son animales semiacuáticos, no pueden satisfacer sus necesidades naturales y se pasan el día agarrados a los barrotes de sus jaulas. Al cabo de unos meses sufren una muerte abominable. A los zorros los electrocutan y se abrasan por dentro después de haberles metido un electrodo por el ano y otro en el morro. A los mapaches los gasean o incluso los descuartizan vivos, sobre todo en China, donde su piel, como la de los mapaches boreales, los gatos y los perros, se exporta a un precio sin competencia. La captura de animales para aprovechar su piel y la caza con trampas también son prácticas crueles, y es urgente que los últimos países donde se practican las prohíban.

Por último, para obtener la lana de angora, no contentos con encerrar a los conejos de por vida para esquilarlos cada cien días, también se depilan, es decir, les arrancan el pelo, porque esta técnica es más rápida y el pelo es de mejor calidad. Estos animales, de ordinario silenciosos, gritan de dolor antes de ser arrojados a sus jaulas, donde muchos mueren de frío en invierno por el choque térmico.

El fin del comercio de pieles no creará ninguna frustración entre los consumidores, ya que las pieles sintéticas tienen la misma utilidad que las extraídas de animales sacrificados. Son sobre todo las marcas de moda las que asocian este comercio a cierto prestigio y crean así una necesidad artificial. En la mayoría de los casos no se mata a los animales para confeccionar abrigos que protejan del frío, sino guarniciones, cuellos o incluso juguetes.

En cuanto al foie gras, consiste en un hígado enfermo obtenido cebando durante tres semanas patos mulares o gansos. Estas aves acumulan grasa de forma natural antes de la migración, pero lo hacen moderadamente, para tener buena salud durante el vuelo. En las granjas los obligan a tragar en pocos segundos 450 gramos de comida con un tubo de metal de 20 a 30 centímetros introducido en la garganta hasta el buche. Su hígado acaba alcanzando un tamaño diez veces mayor que el normal y desarrolla una enfermedad, la esteatosis hepática. Al debatirse cuando el tubo se hunde en su garganta o por la contracción de su esófago provocada por las ganas de vomitar, se ahogan, jadean y a menudo sufren perforaciones mortales en el cuello. Al final de la ceba son incapaces de andar y respiran a duras penas, porque los pulmones están comprimidos por el hígado. Si no los sacrificaran morirían igual. Muchos ni siquiera llegan a esta fase: el índice de mortalidad de los patos es de diez a veinte veces mayor durante la ceba.

También en este caso es preciso prever que la prohibición del comercio de foie gras y de pieles esté acompañada de medidas financieras y ayudas de distinto tipo que contribuyan al reciclaje de los granjeros.

2
LA GANADERÍA Y LA MATANZA. VOLUNTAD POLÍTICA Y RECICLAJE

El fin de la ganadería supone la desaparición de especies seleccionadas por los humanos. La mayoría de los ciudadanos, en nuestro país y en el mundo, se oponen. En cambio la ganadería intensiva merece una condena unánime, aunque pocas personas logran poner de acuerdo su pensamiento y sus actos, y su consumo de productos animales, unido al deseo de comprar carne barata, explican la generalización de la ganadería intensiva, que es la única capaz de satisfacer esta demanda en las circunstancias económicas y demográficas actuales.

El objetivo de los animalistas es una sociedad sin explotación animal y, por tanto, sin ganadería, pero esto significa que muchos sectores de la economía tendrán que reorientar su producción, que los consumidores tendrán que cambiar sus estilos de vida y que existan toda clase de alternativas al uso de productos animales. A falta de estos requisitos es difícil, en una democracia, decretar el fin de la ganadería.

Si el legislador acaba marcándose el objetivo de terminar con la explotación animal, como chocaría con los intereses de grupos poderosos, primero tendría que neutralizarlos ofreciéndoles la posibilidad de enriquecerse con el desarrollo de alternativas a la alimentación con carne, a la experimentación con animales y a la moda que utiliza el cuero, la lana, la seda y las pieles. También tendría que apoyarse en una parte importante de la población y en un movimiento cultural cuya progresión irreversible haría evolucionar las mentalidades.

Es más, si anuncia que se propone acabar con la ganadería, el legislador debería proceder poco a poco, ayudando económicamente a los ganaderos para que cambiaran de actividad y traspasando a la generación siguiente la tarea de crear una sociedad sin explotación animal. Esta estrategia sería provechosa: si evita el enfrentamiento violento con los ganaderos e invita a que cada cual sea más justo con los animales, el legislador tendría el apoyo de todos y la sociedad sin explotación animal podría ser una realidad duradera.

Los animales criados para aprovechar su carne nunca han sufrido tanto maltrato como ahora. No obstante, si no cambia nada, la ganadería intensiva tal como la conocemos hoy podría considerarse incluso razonable comparada con lo que nos espera en el futuro, en vista de la explosión demográfica que debería llegar a su apogeo en 2050, para cuando se prevén 9.000 millones de seres humanos.

Por eso hace falta que desde ahora se frene ese mecanismo infernal y se programe una vuelta progresiva a la ganadería extensiva. Las medidas tienen que ser vigorosas y claras: ayudas económicas y boicot a los productos de la ganadería intensiva. Tendrán que ser medidas claramente proteccionistas para garantizar la supervivencia de un sector que, cuando está sometido a la competencia, degrada inevitablemente las condiciones de vida de los animales y los humanos. Si se quiere volver a la ganadería extensiva es preciso fomentar los circuitos cortos. Los márgenes obtenidos por los grandes distribuidores también tendrán que ser mucho menores que los que consiguen con los productos manufacturados.

El paso de la ganadería intensiva a la ganadería extensiva nos conviene a todos en teoría, pero el argumento de quienes defienden la situación actual es económico: el modelo extensivo no es rentable para los ganaderos y los productos de las granjas factoría son más competitivos, porque salen más baratos. Hay que asumir que este cambio de modelo tiene un coste económico importante a corto plazo, sobre todo si la mayoría de los consumidores todavía no están dispuestos a pagar por los productos animales un precio que permita la supervivencia de los ganaderos.

Los ganaderos solo pueden pasarse a la ganadería extensiva si reciben ayudas financieras y logísticas que les permitan adaptar las instalaciones y tener infraestructuras que garanticen a los animales unas condiciones de vida decentes, acordes con sus necesidades etológicas. Además, si se mantienen precios relativamente bajos para los productos animales, es indispensable pagarles un salario mínimo. Esta ayuda económica compensará el lucro cesante.

El inconveniente es que esta política refuerza la costumbre que han adquirido los consumidores de comer carne y pescado, gastando a veces menos dinero que si comprasen cereales y verduras. Por eso no les orienta hacia la moda de la vida vegana. No obstante, cabe pensar que tener a su alcance productos de calidad les volverá exigentes y que la evolución de las mentalidades, unida a los efectos del calentamiento climático, harán que un número creciente de personas opten por más sobriedad. Si comen carne o pescado de calidad solo dos veces por semana y poco a poco se van acostumbrando a reemplazar una alimentación cárnica por otra vegetariana y luego vegetaliana, crearán una demanda en este campo. La oferta también crecerá. Cada vez más individuos, conscientes de que este modo de vida salva vidas animales, de que es infinitamente más sostenible en el plano ecológico que el consumo de productos animales, se harán veganos o incluso animalistas, porque para ellos será un juego de niños.

Los cambios profundos en los modos de producción y estilos de vida no se decretan. Tienen que idearse y formularse sin ambigüedad, pero también sin olvidar que cuando se pasa de la teoría a la práctica, del pensamiento a la acción, de la ética a la política, hay que tener en cuenta las circunstancias. Sin la fuerza de la costumbre y la conjunción de varios factores que contribuyan a orientar a una sociedad o a encarrilarla, no cambia nada, al menos de forma duradera.

En general, no puede haber ninguna mejora sustancial en las condiciones de vida de los animales criados para carne si no se trabaja en varios frentes: con los ganaderos, con los consumidores y con los distribuidores. Cabe suponer que una política enfocada a fomentar la calidad frente a la cantidad puede llegar a ser atractiva y logrará imponerse incluso en el extranjero, sobre todo en una época en que los consumidores, conscientes del impacto de su alimentación en su salud, quieren saber de dónde proceden los alimentos que compran.

La remuneración de los ganaderos sería parte de una política agrícola que reevaluara su función, pues esta va más allá de la producción de alimentos e incluye el mantenimiento de los paisajes y el desarrollo del campo, entendido como algo más que un lugar de solaz y esparcimiento para turistas. En vez de culpar a los ganaderos conviene valorarlos y convertirlos en aliados, basándose en el vínculo que existe entre las condiciones de trabajo de los individuos, su pundonor y el interés general. Nuestro mundo no puede salvarse sin la entrega de los individuos. Y esta entrega es el fruto del amor propio y el amor al mundo.

Las condiciones de vida de los animales no mejorarán si los ganaderos no convierten esta mejora en una de sus prioridades y si el Estado no respalda este esfuerzo. Es posible, además, que dentro de unos años los animalistas lleguen a convencer a la sociedad de que después de haber cubierto la primera etapa (la vuelta progresiva a la ganadería extensiva) ha llegado el momento de pasar a la segunda: la transición a una sociedad sin explotación animal y, por tanto, sin ganadería.

Si nos centramos en las condiciones actuales del sacrificio de animales, estamos ante un asunto que causa un fuerte impacto en los ciudadanos. Es indispensable mostrar transparencia sobre toda la cadena de producción, desde la cría hasta el sacrificio, pasando por el transporte, cuya duración no debería ser nunca superior a ocho horas. De todos modos esta duración se reducirá cuando la carne ya no provenga de animales criados en condiciones desastrosas en la otra punta del mundo. Es importante organizar visitas sin previo aviso a los mataderos, que son lugares donde reina fatalmente la violencia, pues se trata de matar a un animal que quiere vivir. En cada matadero debe haber una persona encargada de comprobar que se aturde correctamente a los animales y que los instrumentos para ello funcionan bien.

También debe imponerse una forma de aturdimiento reversible en los mataderos *halal* y *kosher*, de acuerdo con los representantes de estas religiones. Unas religiones que, al igual que el cristianismo, no pueden excluir la cuestión de nuestra relación con los animales y su sufrimiento de sus preocupaciones y enseñanzas.

Por último, es indispensable que el personal en quien nuestra sociedad, por un sueldo que suele ser muy reducido, delega la tarea de matar a los animales, esté bien formado, sobre todo en lo referente al dolor y el sufrimiento animal; y que al cabo de unos años pueda cambiar de profesión. Teniendo en cuenta la dificultad de este trabajo, que acarrea un fuerte desgaste físico y psicológico, nadie debería ser contratado en un matadero sin haber tenido una entrevista con un psicólogo, un médico laboral y un especialista en ética animal o un representante de una sociedad protectora.

Hay quien considera que en los mataderos deberían instalarse cámaras. Pero esta medida, que puede servir para prevenir las malas prácticas, no ataca la raíz del problema: el hecho de que en nuestra sociedad se trata a los animales como si fueran objetos, el Estado no considera que tiene el deber de protegerlos y los operarios de los mataderos son despreciados.

Sin una voluntad política y el compromiso de los ciudadanos nunca se podrá avanzar en este ámbito. Todos deben ser conscientes de que la desaparición programada de la ganadería intensiva y la vigilancia de las condiciones del sacrificio de los animales, además de ser un imperativo moral, son ventajosas para la sociedad. Pensemos en la imagen que proyectaría un Estado dispuesto a no dejar de lado a ningún sector de la población. ¡Mostraría a los demás países que la senda del progreso no pasa por el ultraliberalismo, sino por la reorganización rigurosa de la sociedad y la economía y la apuesta por la calidad, el respeto a todos y el trabajo bien hecho!

3

INNOVACIONES EN LA COCINA, LA MODA Y LA INDUSTRIA

Todas las medidas mencionadas hasta ahora son reivindicaciones concretas que podría proponer un partido político animalista, pero también cualquier partido y candidato dispuesto a defender esta causa noble, que es también la causa de la humanidad. Pero estas medidas serían papel mojado sin la iniciativa de los empresarios implicados en varios sectores de la economía y sin el impulso de los creadores.

Necesitamos chefs, con o sin estrella, que sepan guisar sin carne, sin pescado y sin ningún producto animal, y que revelen todo lo que se puede hacer con hortalizas, cereales, legumbres y proteínas vegetales, como el seitán y el tofu, y con especias. Es indispensable abrir restaurantes veganos en todas las ciudades y pueblos de Francia, y proponer comidas vegetarianas y vegetalianas en todos los establecimientos, desde los bistrots del Elíseo hasta los hospitales, pasando por los comedores de empresa. La demanda ya existe y no hará más que aumentar si todos saben que pueden comer sin productos animales, disfrutar de la comida y tener una salud de hierro.

No solo deberíamos aprender todos a cocinar sin usar productos animales, sino que este aprendizaje, que pasa por volver a las tradiciones, debería hacerse un hueco en los centros de enseñanza y dispensarse de forma gratuita. Por último, ciertas industrias del sector agroalimentario podrían proponer productos que fueran alternativas atractivas a la carne y el pescado. Es lo que hace la empresa Beyond Meat de Estados Unidos. Valdría la pena emprender algo parecido en nuestro país, adaptado a nuestros gustos y nuestra cultura.

La moda es un sector fundamental de la economía, y la publicidad puede hacerse cargo perfectamente de toda innovación que permita sustituir la lana, el cuero o la seda, de modo que resulte sencillo y agradable vestirse y calzarse sin usar productos de origen animal. También deben estimularse las iniciativas a la experimentación animal para testar los productos cosméticos y evitar las alergias.

En medicina también existen alternativas a la experimentación animal. Entre las que ya se han probado, citaremos tres que se mencionan en el informe de la agrupación de interés científico Francopa, creada en 2007: las experiencias *ex vivo*, realizadas con tejidos animales o humanos procedentes de bancos de tejidos o de desechos quirúrgicos; los métodos *in vitro*, que incluyen el uso de modelos celulares representativos de los tejidos (piel y córnea humana, por ejemplo) y los métodos fisicoquímicos; y los métodos *in silico*, que recurren a modelos biomatemáticos apoyados en bases de datos tomadas de los resultados experimentales, unos modelos con los que se puede estudiar la absorción, el metabolismo y la eliminación de sustancias, o predecir la toxicidad en el desarrollo de nuevas moléculas terapéuticas.

Generalmente, a una empresa o un laboratorio le resulta menos costoso comprar animales y mantenerlos que invertir en el desarrollo de estas alternativas. Por eso es preciso lograr que las instancias correspondientes dediquen recursos importantes a estas alternativas: ayudas económicas, valoración de los productos no testados con animales y estímulo a los investigadores que demuestren un compromiso real en este campo, mediante un sistema de primas y recompensas. La transparencia exigida a los laboratorios de investigación, las industrias y las universidades será entonces una ventaja para los más virtuosos.

Por último, debe hacerse un esfuerzo para rehabilitar a los animales que han sufrido experimentos, como esos beagles rescatados por la asociación Graal: en vez de estar condenados a servir de material de laboratorio durante toda su vida, estos perros, debido a su mediano tamaño y su buen carácter, pueden ser adoptados por una familia cariñosa.

Un país que se imponga como líder en la transición a una sociedad justa con los animales no tiene nada que perder, ni siquiera en lo económico. Porque el número de personas preocupadas por la suerte de los animales y dispuestas a reducir el consumo de productos animales va en aumento. Los retos planteados por el calentamiento climático también crean una demanda, de modo que se generarán importantes oportunidades de negocio para las industrias y empresas que hayan sabido innovar.

4

EXTREMAR LA PROTECCIÓN ANIMAL

Hasta hoy las sociedades protectoras de animales son prácticamente las únicas que defienden a los animales maltratados, denuncian los abusos cometidos con ellos, los salvan y entablan acciones judiciales en los que se constituyen como parte civil. De no ser por ellas, las perras violadas, los gatos metidos en sacos de basura y arrojados a contenedores, los equinos famélicos y los animales abandonados morirían rodeados de la indiferencia casi general.

Es preciso endurecer las penas por maltrato animal e impedir que un individuo que haya cometido estos delitos tenga animales de compañía. Lo mismo para quienes se lucran con el tráfico de animales exóticos o para quienes los compran y luego, con frecuencia, los abandonan al poco tiempo. Hay que desarticular las redes clandestinas que venden animales de compañía criados en batería en auténticas factorías de los países del Este de Europa. Adoptar un animal de compañía siempre es preferible a comprarlo, no solo porque en los refugios hay muchos animales sino también porque quienes comercian con ellos tienden a explotarlos sin piedad.

Es preciso que los abogados, los jueces y la policía se informen mejor del maltrato sufrido por los animales y de lo que puede hacerse por ellos. Algunos incluso deberían especializarse en la protección animal, como la unidad especial de la policía de Nueva York (Animal Cruelty Prosecutions Unit) que se ocupa de los animales abandonados y maltratados.

Las sociedades protectoras, que proporcionan valiosas informaciones sobre todos estos casos y siempre cuentan con juristas excelentes en sus filas, seguirán haciendo su labor, pero es importante que en la formación de todos los agentes sociales haya un capítulo dedicado a los animales. Cada persona, en su programa de estudios y a lo largo de su vida, debe recibir una formación adecuada que la sensibilice hacia esta causa.

5
EDUCACIÓN, FORMACIÓN Y CULTURA

La clave del cambio con los animales es política. Instaurar una sociedad justa con los animales contando con el respaldo de los distintos sectores de la economía es una acción y una decisión política, y el motivo por el que la causa animal debe politizarse. La acción política tiene varias vertientes. En una democracia basada en el consentimiento de los individuos, la vertiente educativa es la que sustenta las otras dos: la normativa, relacionada con las metas de la política, y la institucional.

Sin un fuerte movimiento que congregue a las fuerzas vivas de la sociedad, potenciado por artistas e intelectuales, la lucha por liberar a los animales fracasará. Cada vez que se ha producido un avance social y político –en la Revolución francesa, la Ilustración, la descolonización o la emancipación de las mujeres– los factores principales de esos movimientos han sido la cultura y la educación. Porque son los pilares de la justicia.

Por eso es esencial que desde edades muy tempranas, en las guarderías, los colegios y los institutos, los niños y adolescentes descubran la riqueza de las vidas animales y desarrollen una sensibilidad que les dicte el respeto a los otros seres vivos y la compasión. La ética animal y la etología deben ser asignaturas de la enseñanza secundaria y universitaria. Tienen que estar presentes en todas las escuelas y facultades, con la misma importancia que la historia y el inglés.

Las universidades, fieles a su misión de apertura al universo, deben asegurar la formación continua de todas las personas que vayan a estar en contacto, directo o indirecto, con los animales. Varios días al mes las facultades de veterinaria y de medicina podrían acoger en sus aulas a especialistas en ética animal para que los estudiantes compartan con ellos sus conocimientos y su reflexión. Es fundamental que los ganaderos y el personal de los mataderos, pero también las personas que trabajan en el sector alimentario y de la moda, tengan ocasión de discutir varias veces a lo largo de su carrera con etólogos y representantes de ciencias humanas y sociales que se hayan ocupado de la cuestión animal.

Este esfuerzo educativo dará frutos a corto pero sobre todo a largo plazo, en particular gracias a los más jóvenes que, a lo largo de su recorrido escolar y universitario, habrán entendido que la causa animal era también la causa de la humanidad.

6

HA NACIDO UN MOVIMIENTO

Ha nacido un movimiento en nuestro país, pero también en el mundo.

Los animalistas son ciudadanos, pero también son amigos de los animales de todo el mundo y de los humanos que, en todas partes, luchan por mejorar la condición de los otros seres sintientes y por el advenimiento de una sociedad más justa. Circulan ideas por internet, se escriben cada vez más libros para difundir el mensaje: la causa animal es una causa histórica.

A pesar de que al mismo tiempo unas fuerzas contrarias, vinculadas a grupos influyentes, a la tiranía de la costumbre y sobre todo al sistema económico que propaga la desregulación en todo el planeta, imponen a miles de millones de animales una vida infernal, y a los humanos que los explotan unas condiciones de trabajo perjudiciales para su salud y su autoestima, el futuro está del lado de quienes exhortan a sus hermanos a consumir cada vez menos productos animales, a reconciliarse consigo mismos y con los demás seres sintientes, y a pasar de la edad de la desolación a la edad del respeto a lo viviente.

Es una revolución. No preconiza la subordinación de una clase social a otra y se opone tajantemente a la dominación. Es una transformación de la sociedad, el paso a otra etapa de la civilización. Ha llegado el momento de la transición.

Animalistas de todos los países, de todos los partidos y de todas las confesiones, uníos. Unid vuestras fuerzas para que la condición de los animales mejore aquí y ahora, y para que un día cese su explotación. Uníos también a los que no son animalistas. Luchad contra el maltrato animal, predicad el amor a los seres vivos, humanos y no humanos, y a la justicia.

La causa animal es universal, nos pertenece a todos. Si hacemos justicia a los animales salvamos nuestra alma y garantizamos nuestro futuro. Tenemos un mundo por ganar.

GLOSARIO

Abolicionismo: Esta palabra, que en principio se refiere a la abolición de la esclavitud, se aplica por extensión a una corriente de ética animal que preconiza la supresión total de la explotación animal y por tanto de todas las prácticas que implican el uso de animales como medios para fines humanos (ganadería, experimentación, domesticación). Se opone al bienestarismo y está relacionado con el veganismo.

Agente deliberativo: Es un agente moral que, además, tiene una idea de lo que está bien y puede expresarla públicamente argumentándola.

Agentividad (*agency*): El hecho de ser capaz de expresar intereses y preferencias individuales. Los animales que poseen agentividad son agentes morales, aunque no sean personas, es decir, sujetos a los que se pueda imputar la responsabilidad de sus actos; tampoco son agentes deliberativos que puedan participar directamente en los debates para tomar decisiones colectivas.

Animales liminares: Son animales que no desean estrechar lazos con nosotros y a los que, en general, no podemos domesticar, pero que se instalan junto a nosotros para conseguir comida. Comparten con nosotros un espacio común, como los bosques o los jardines. Esta categoría, que se distingue de la de los animales domésticos o los animales salvajes, es amplia y heterogénea, pues incluye los roedores, los zorros, las ardillas, etcétera.

Antiespecismo/antiespecista: Término acuñado a partir de «especismo». El antiespecismo afirma que la desigual consideración de los intereses de los animales y los humanos obedece a un prejuicio y es una forma de discriminación. Pero la igualdad en la consideración de estos intereses no implica igualdad de trato entre ellos ni tampoco entre las distintas especies. Se ha dicho a menudo que el antiespecismo es contrario al humanismo, pero el antiespecismo no postula que los humanos y los animales sean idénticos. Tampoco es incompatible con afirmar que tenemos una responsabilidad con otros seres vivos, una responsabilidad que subraya la asimetría existente entre nosotros y no implica reciprocidad.

Antropocentrismo, antropogénico y antropocéntrico: En una moral antropocéntrica los demás seres vivos y la naturaleza solo tienen un valor instrumental: todo gira en torno a lo humano, que es lo único que posee un valor intrínseco y es un fin en sí mismo. Es un planteamiento criticado por las éticas ambientalistas y animalistas surgidas en la década de 1970. El rechazo al antropocentrismo va unido al antiespecismo y a la atribución de valor intrínseco a las entidades no humanas. Como los seres humanos son quienes atribuyen un valor intrínseco a la naturaleza y los animales, se dice que este valor es antropogénico, es decir, conferido por humanos, pero no en función de su utilidad para ellos (que sería antropocéntrico).

Bienestar animal: En 1992 la FAWC (Farm Animal Welfare Council) enumeró las cinco libertades básicas del bienestar animal: *a)* la falta de hambre, de sed, de malnutrición; *b)* la existencia de abrigos apropiados y de comodidad; *c)* la falta de enfermedad y herida; *d)* la falta de miedo y ansiedad; y *e)* la posibilidad de expresar los comportamientos propios de la especie. Algunos éticos añaden la sociabilidad y el respeto a la integridad del animal, que aluden a su valor intrínseco y su historia evolutiva.

Bienestarismo (*welfarism*): Es una corriente de la ética animal que se limita a preconizar la mejora de las condiciones de vida de los animales, su bienestar, y no la supresión de la explotación animal, como el abolicionismo.

Capacidad (*capability*): Se refiere a la capacidad de hacer algo en un momento dado. Se tienen en cuenta las condiciones que permiten o impiden al individuo usar unos bienes y servicios a los que tiene derecho. El enfoque basado en las capacidades, planteado por Amartya Sen, supone que para medir las desigualdades no basta con tener en cuenta los ingresos y las libertades formales, pues también hay que preguntarse qué impide a un individuo convertir esos derechos en «capacidades para funcionar». La justicia, que implica igualar las capacidades, y no las realizaciones, exige que no se prive a las personas del derecho de acceso (*entitlements*) a los bienes y servicios por motivos de edad o discapacidad, por ejemplo. Este enfoque invita a reflexionar sobre las estructuras públicas (educación, transportes, centros sanitarios, etcétera) que otorgan a los individuos una libertad real y no meramente formal.

Especismo/especista: Este término, acuñado en 1971 por un psicólogo de Oxford, Richard Ryder, designa la actitud que atribuye un rango superior a la especie humana. Para los especistas, pertenecer a la especie humana es una condición necesaria para tener una condición moral. Este concepto es peyorativo, pues sugiere que se trata de una discriminación basada en la especie, tan injusta como el racismo y el sexismo.

Estereotipia: Movimiento o gesto carente de sentido que repiten sin cesar los animales en cautividad o criados en granjas industriales y que revela un gran sufrimiento psíquico, como cuando las cerdas muerden los barrotes de sus jaulas o los elefantes encerrados en los circos balancean la cabeza continuamente.

Etología/etológico/etólogo: Esta rama zoológica de la biología, creada en 1854 por el naturalista Isidore Geoffroy Saint-Hilaire, es el estudio del comportamiento de las especies animales. Sus principales exponentes son, entre otros, Charles Darwin, Jean-Henri Fabre, Jakob von Uexküll, Adolf Portmann, Karl von Frisch, Konrad Lorenz y Nikolaas Tinbergen. La etología revela la complejidad y riqueza de las sociedades animales y de los animales, que no pueden equipararse a simples máquinas ni reducirse a un puro determinismo causal, pues viven y tienen un comportamiento que expresa de manera subjetiva su relación con el entorno y con los demás seres vivos, así como sus necesidades básicas, regidas por las normas de su especie o normas etológicas. Los etólogos no deben confundirse con los zootécnicos. Aquellos son científicos que observan a los animales para descubrir su comportamiento, mientras que estos son ingenieros agrónomos que estudian los métodos de mejora de la producción animal, de modo que su medición del bienestar animal sirva para comprobar que los animales usados en granjas y laboratorios soportan sus condiciones de vida y que la productividad, llegado el caso, puede aumentarse.

Ganadería intensiva y extensiva: La ganadería intensiva, que surgió en los países industrializados sobre todo después de la Segunda Guerra Mundial, procura aumentar el rendimiento aumentando la densidad de animales por explotación y desvinculándose del entorno. Los animales están encerrados y no se respetan sus necesidades básicas o normas etológicas, como la necesidad que tienen los cerdos de hozar la tierra o las gallinas de abrir las alas. A veces se ha comparado con los campos de concentración, y difiere de la ganadería extensiva, en la que los ganaderos ofrecen a los animales unas condiciones de vida relativamente compatibles con las normas de su especie en explotaciones de tamaño pequeño o mediano. En Francia cerca del 80 por ciento de la ganadería es intensiva.

Paciente moral: Un paciente moral es el objeto de nuestra responsabilidad. Durante mucho tiempo se ha considerado que los animales no tenían derecho a nuestra consideración moral y que por tanto no eran pacientes morales. Como mucho teníamos deberes indirectos con ellos: la violencia contra los animales se consideraba indigna de las personas y no se condenaba en sí misma, sino por ser un primer paso hacia la violencia contra los humanos. Los primeros representantes de la ética animal, como Tom Regan, consideraban que los animales son pacientes morales, pero todavía no los consideraban agentes morales; aquí, por el contrario, sostenemos que para ser un agente moral no es necesario ser una persona y un agente deliberativo, pues basta con tener agentividad.

Sentiencia/ser sintiente: Esta palabra deriva del latín *sentiens*, «que siente», y designa la capacidad de un ser para tener experiencias y sentir dolor, placer y sufrimiento de una manera subjetiva. Un ser sintiente es individual: tiene una biografía y unas preferencias, además de los intereses relacionados con su supervivencia y las normas de su especie. Vive su vida en primera persona, tanto si es humano como si es animal.

Sociedades protectoras de animales: Surgieron sobre todo en el siglo XIX, las primeras en Inglaterra. Hoy son numerosas en todo el mundo. Amparan a los animales de cría y de compañía víctimas de maltrato, los recogen y se constituyen como partes civiles en los juicios. Promueven campañas de sensibilización pública y también intervienen ante los poderes públicos para hacer cumplir las leyes o para cambiarlas. Difieren entre sí en sus métodos, su filosofía y sus fines. Véanse, en particular, La Société de protection des animaux (SPA), fundada en 1845 por Étienne Pariset; Compassion in World Farming (CIWF), creada en 1967 por Peter Roberts, cuya sección francesa, dirigida en 1994 por Ghislain Zuccolo, se llama PMAF, Protection mondiale des animaux de ferme, y luego Welfarm; PETA, People for Ethical Treatment of Animals, fundada en 1980 por Ingrid E. Newkirk; la Fondation Brigitte Bardot, que existe desde 1986; One Voice, Une seule et même voix pour les animaux, creada en 1995 por Muriel Arnal; la Fondation 30 millions d'amis de Jean-Pierre y Reha Hutin, creada en 1995; y L214 de Sébastien Arsac y Brigitte Gothière, que nació en 2008. También hay asociaciones dedicadas exclusivamente a una causa, como la CRAC (Association française anticorrida) o la FLAC (Fédération des luttes pour l'abolition des corridas) y Antidote France (sobre la experimentación), etcétera.

Subjetividad: El hecho de ser individual y tener una estructura del yo. La subjetividad no requiere necesariamente la reflexividad: se puede ser un yo sin ser un yo pensante.

Utilitarismo: Es un enfoque consecuencialista de la moral basado en maximizar lo bueno y calcular los placeres y los pesares: una acción es buena cuando acarrea el mayor bienestar para el mayor número de individuos, y es mala cuando genera una gran cantidad y una gran intensidad de sufrimientos para un número elevado de seres sintientes, incluidos los animales. Jeremy Bentham es el padre de este enfoque, retomado sobre todo por Peter Singer.

Valor intrínseco: Distinto del valor instrumental, el valor intrínseco caracteriza a los seres y las entidades que tienen valor propio, con independencia del uso que se haga de ellos. Son fines en sí mismos, y no medios.

Veganismo: La palabra *vegan*, acuñada en 1944 por los fundadores de la Vegan Society, es un concepto moral que inspira un modo de vida caracterizado por la renuncia a cualquier producto o servicio procedente de los animales y de su explotación. El veganismo incluye el vegetalismo, que es el hecho de abstenerse de consumir cualquier producto animal, incluidos los lácteos, los huevos, el marisco y la miel. No es lo mismo que el vegetarianismo, un régimen alimentario caracterizado por la abstención de carne y pescado. El veganismo, por tanto, excluye también los productos animales en la ropa y el calzado (lana, seda, cuero, plumas), en las diversiones y en cualquier otro ámbito (como los cosméticos). Los veganos también se oponen al uso de animales para servicios terapéuticos, como los perros educados para guiar a las personas ciegas. Desde que en 1948 se descubrió la vitamina B12, que ya se sintetiza, todos pueden tener una alimentación vegetaliana, consumiendo la vitamina en forma de comprimidos para evitar carencias.

Zoópolis: Término creado por Jennifer Wolch en 1998 para designar una ética ambiental urbana que ponía el acento en la comunidad mixta formada por humanos y no humanos. Según S. Donaldson y W. Kymlicka, esta comunidad también es, en realidad, una comunidad política: nuestras relaciones conlos animales y su capacidad para actuar como agentes determinan las obligaciones concretas que tenemos hacia ellos y aportan un contenido positivo a sus derechos. Tanto en *Les nourritures* como en este manifiesto, el término «zoópolis» comporta que los principios de la justicia dejen de ser establecidos únicamente en beneficio de los seres humanos. Es preciso tener en cuenta los intereses de los animales tanto en nuestro modo de habitar el planeta como en lo relativo a nuestras políticas públicas. Nuestra política es siempre zoopolítica, puesto que nuestras actividades tienen siempre un impacto directo o indirecto en los animales, pero a partir de ahora, además, debería promoverse una sociedad más justa hacia ellos.

LIBROS CITADOS

Arendt, Hannah, *Les origines du totalitarisme, Le système totalitaire* (1951) [hay trad. cast.: *Los orígenes del totalitarismo*, tr. G. Solana, Madrid, Alianza, 2015].

—, *Condition de l'homme moderne* (1958), tr. G. Fradier, París, Calmann-Lévy, 1983 [hay trad. cast.: *La condición humana*, Barcelona, Paidós, 2010].

Bentham, Jeremy, *Introduction aux principes de morale et de législation*, París, Vrin, 2011.

Derrida, Jacques, *L'animal que donc je suis*, París, Galilée, 2006 [hay trad. cast.: *El animal que luego estoy si(gui)endo*, Madrid, Trotta, 2008].

Descartes, René, *Lettre à Élisabeth du 15 septembre 1645, OEuvres philosophiques*, F. Alquié (ed.), t. III, París, Garnier, 1998 pp. 605-609.

Donaldson, Sue, y Will Kymlicka, *Zoopolis. Une théorie politique des droits des animaux* (2011), París, Alma, 2016.

Fontenay, Élisabeth de, *Le silence des bêtes. La philosophie à l'épreuve de l'animalité*, París, Fayard, 1998.

Hobbes, Thomas, *Léviathan* (1651), Tricot, París, Vrin, 1994 [hay trad. cast.: *Leviatán*, Madrid, Alianza, 2014].

Jougla, Audrey, *Profession: animal de laboratoire*, París, Autrement, 2015.

Pelluchon, Corine, *Éléments pour une éthique de la vulnérabilité. Les hommes, les animaux, la nature*, París, Le Cerf, 2011.

–, *Les nourritures. Philosophie du corps politique*, París, Le Seuil, 2015.

Platón, *La République*, París, Flammarion, 2002 [hay trad. cast.: *La República* en *Obras completas*, Madrid, Aguilar, 1993].

Regan, Tom, *Les droits des animaux* (1983), París, Hermann, 2013 [hay trad. cast.: *Jaulas vacías: el desafío de los derechos de los animales*, Barcelona, Fundación Altarriba, 2006].

Rilke, Rainer Maria, «La panthère», *Le vent du retour*, París, Arfuyen, 2005, pp. 80-81.

Rawls, John, *Théorie de la justice comme équité* (1971), París, Le Seuil, 1997 [hay trad. cast.: *Justicia como equidad y otros ensayos*, Madrid, Tecnos, 1986].

Sen, Amartya, *Repenser l'inégalité*, París, Le Seuil, 2000 [hay trad. cast.: *Nuevo examen de la desigualdad*, Madrid, Alianza, 2014].

Singer, Peter, *La libération animale* (1975), París, Payot, 2012 [hay trad. cast.: *Liberación animal*, Madrid, Taurus, 2011].

Strauss, Leo, «Sur le nihilisme allemand», *Nihilisme et politique*, París, Payot/Rivages, 2001, pp. 31-76.

The Collected Works of Abraham Lincoln, Roy P. Basler, Marion Dolores Pratt, Lloyd A. Dunrap (eds.), 8 vols., Rutgers University Press, New Brunswick, N. J., 1953.

Violence envers les animaux et les humains. Le lien, A. Linzey (ed.) (1988), One Voice, 2011.

PÁGINAS WEB

Obras de Abraham Lincoln: <http://quod.lib.umich.edu/l/lincoln/>.

Informe de la asociación de interés científico Francopa (Plataforma nacional para el desarrollo de métodos alternativos en experimentación animal): <http://www.francopa.fr/web/francopa?-page=home & out=txt&languageIhm=fre>.

Sociedad vegan francófona: <http://www.societevegane.fr>.

World Watch Institute, *Estado del mundo. El progreso hacia una sociedad sostenible*: <http://www.worldwatch.org/node/549>.